새

연세한국어
말하기와 쓰기 5-1

연세대학교 한국어학당 편

연세대학교 출판문화원

머리말

연세대학교 한국어학당은 1959년에 설립된 한국 최초의 외국어로서의 한국어 교육 기관이다. 연세대학교 한국어학당은 그간의 역사와 명성에 걸맞게 다양한 한국어 교재 편찬 및 관련 연구를 해옴으로써 한국어 교육을 선도해 왔다. 지금까지 전 세계에서 온 약 150여 개국의 17만여 명에 이르는 한국어 학습자에게 한국어와 한국 문화를 가르쳐 왔으며, 최근에는 빠른 속도로 변화해 가는 교육 환경에 맞추어 오프라인 한국어 교육뿐만 아니라 온라인 한국어 교육 콘텐츠 개발에도 노력을 기울이고 있다. 이미 세계 각국의 한국어 학습자를 대상으로 글로벌 온라인 대중 공개 강좌(MOOC)를 개설하여 학습자들로부터 큰 호응을 얻었고 연세대학교 온라인 교육 혁신 플랫폼인 런어스(LearnUs)에도 최신 기술을 활용한 한국어 콘텐츠를 올려서 학습자들을 만나는 중이다.

연세대학교 한국어학당은 그간 일반 목적 한국어 학습자들뿐만 아니라 특수 목적 한국어 학습자들을 대상으로 정규과정, 단기과정, 대학 한국어 과정 등 다양한 교육과정을 개설 운영하면서 학습자의 요구에 부응하는 최상의 교재를 개발해 왔다. 이러한 교재들은 국내외의 한국어 교육 기관에서 교사와 학습자들의 다양한 요구를 충족시키며 양질의 한국어 교수·학습을 위해 널리 사용되고 있다.

연세대학교 한국어학당은 그간 가장 큰 호응을 받아 왔던 '연세한국어' 1급~6급의 뒤를 이을 새로운 교재로 '새 연세한국어' 시리즈를 기획 출간하게 되었다. 이 교재의 개발을 위해 한국어 교육 현장 경험이 풍부한 전문 한국어 교육학자 및 교사들이 대거 투입되었고 최상의 한국어 교수법 및 학습자 집단의 요구에 대한 이해를 바탕으로 개발 작업이 장기간에 걸쳐 수행되었다.

이번에 출간된 '새 연세한국어' 시리즈는 총 6단계로 각 단계마다 어휘와 문법 교재, 말하기와 쓰기 교재, 듣기와 읽기 교재로 구성되어 있다. '새 연세한국어 어휘와 문법'은 한국어 학습자들이 각 숙달도별로 가장 필수적으로 익혀야 하는 주요 어휘와 문법에 대한 이해와 활용을 중심으로 구성되었다. '새 연세한국어 말하기와 쓰기'는 원활한 한국어 의사소통을 위해 꼭 필요한 표현 기능을 수행할 수 있도록 말하기, 쓰기 과제를 중심으로 구성되었다. 또한 '새 연세한국어 듣기와 읽기'는 듣기, 읽기 과제를 중심으로 각 급별 숙달도에 적절한 이해 능력을 함양시킬 수 있도록 구성되었다. 이 세 권의 교재는 어휘·문법, 표현, 이해 능력의 고른 발달을 위해 패키지로 함께 사용될 수도 있고, 교육 현장 여건이나 학습자의 요구에 따라 별도로 사용될 수도 있다. 또한 어휘와 문법 교재의 경우 별도의 지침서가 무료로 제공되므로 교육 경험이 다소 부족한 국내외의 한국어 교사들에게 유용한 길잡이가 될 수 있을 것이다.

연세대학교 한국어학당은 앞으로도 전 세계의 한국어 학습자들의 요구와 기대에 부응하는 교재 개발을 위해 최선을 다할 것이다. 아울러 본 교재가 국내외에서 한국어 교육을 위해 노력을 아끼지 않는 많은 교사와 한국어 학습을 위해 노력하는 모든 학습자들에게 크게 도움이 되기를 바란다.

연세대학교 언어연구교육원

한국어학당 교재편찬위원회

일러두기

01 이 책은 <새 연세한국어 어휘와 문법5>, <새 연세한국어 듣기와 읽기 5>와 함께 한국어 고급 학습자들이 사용하도록 구성된 교재이다.

02 이 책은 한국어 고급 학습자들이 한국어로 말하고 쓸 수 있는 능력을 키우기 위한 표현 능력 개발 교재이다.

03 이 책은 총 20과이며 각 과는 각기 2개의 활동으로 구성되어 있다. 그리고 2개 과마다 앞에서 학습한 내용을 복습할 수 있는 복습 10개와 한국 문화에 대한 소개 10개를 실었다. 각 과는 100분 수업 분량으로 이 책은 총 50회의 수업을 진행하도록 구성되어 있다.

04 이 책의 각 과는 '제목, 학습 목표, 준비해 봅시다, 말하기1(쓰기1), 말하기2(쓰기2), 정리해 봅시다'로 구성되어 있다. 각 과는 말하기 또는 쓰기 기능을 수행하도록 구성되어 있으며 전체적으로 말하기 능력과 쓰기 능력을 균형 있게 향상시킬 수 있도록 구성되어 있다.

05 각 과의 제목은 <새 연세한국어 어휘와 문법 5>와 동일하다.

06 '학습 목표'는 '의견을 제시할 수 있다, 설명할 수 있다, 발표할 수 있다, 글을 쓸 수 있다'와 같이 표현 기능이 드러나도록 기술되어 있다.

07 '준비해 봅시다'는 각 소단원의 들어가기에 해당되며 해당 단원의 말하기나 쓰기 내용의 이해를 돕기 위한 준비 단계이다. 각 과의 주제에 대한 배경 지식을 환기시키는 시각 자료와 질문으로 구성되어 있다.

08 말하기1과 말하기2는 유기적인 관계를 맺고 있는 기능을 연계하여 학습할 수 있도록 구성되어 있다. 말하기1과 말하기2는 각각 3단계로 구성되어 간단한 대화나 독백으로 시작하여 기능과 관련된 표현을 익히고 이를 활용하여 제시된 과제를 수행하도록 구성하였다. 말하기의 각 과제는 신문 기사나 자료 등을 근거로 하여 자신의 의견을 발표하고, 인터뷰의 결과를 종합하여 발표하는 것을 최종 목표로 하여 구성되었다.

09 쓰기1과 쓰기2 역시 관련된 기능을 연계하여 학습할 수 있도록 구성되어 있으며 말하기와 동일하게 각각 3단계로 구성되어 있다. 쓰기의 각 과제는 탐방한 곳을 소개하고 묘사하는 탐방문을 작성하고, 설문 조사 결과를 종합하여 보고서를 작성하는 것을 최종 목표로 하여 구성되었다.

10 '정리해 봅시다'는 마무리 단계로서 각 소단원에서 학습한 내용을 학습자 스스로 확인하고 점검하고 다른 언어 능력과의 통합 교육을 통해서 한국어 능력을 강화하도록 구성되어 있다.

11 '복습'은 정리하고 마무리하는 단계로서 선행 학습한 2개 과의 주제나 기능과 관련된 말하기 또는 쓰기 활동으로 구성되어 있다.

12 '문화'는 선행 학습한 2개 과와 관련된 한국의 문화를 소개함으로써 한국에 대한 이해를 돕도록 구성되어 있다.

13 새로 나온 어휘는 해당 지면 하단에 제시하고 이들 어휘는 어휘 색인으로 제시하였다.

단원구성

과	제목	학습 목표	과제	문화
1과	문화의 차이	발표 내용을 요약하고 발표를 시작할 수 있다.	도입하기 내용 간략히 설명하기	상황에 따라 다른 상대 높임법
2과	언어와 생활	대상을 소개하고 설명하는 글을 쓸 수 있다.	소개하기 설명하기	
3과	음식과 문화	다른 사람의 말을 듣고 공감하거나 자신의 의견을 덧붙여 말할 수 있다.	공감하기 의견 덧붙여 말하기	음식과 관용 표현
4과	건강과 운동	풍경과 인물 등을 사실적으로 묘사하는 글을 쓸 수 있다.	풍경 묘사하기 인물 묘사하기	
5과	과학과 인간	상대방의 주장에 대해서 다른 의견이나 대안을 제시할 수 있다.	다른 의견 제시하기 대안 제시하기	인터넷과 유행어

<table>
<tr><th>과</th><th>제목</th><th>학습 목표</th><th>과제</th><th>문화</th></tr>
<tr><td>6과</td><td>인터넷과 현대인</td><td>인물이나 대상 등을 비유하는 글을 쓸 수 있다.</td><td>비유하기1
비유하기2</td><td>인터넷과 유행어</td></tr>
<tr><td>7과</td><td>공교육과 사교육</td><td>사회 현상에 대해서 설명하고 자신의 의견을 제시할 수 있다.</td><td>발표 마무리 하기
발표하기</td><td rowspan="2">학당의 과거와 현재</td></tr>
<tr><td>8과</td><td>삶과 배움</td><td>대상의 좋은 점과 나쁜 점, 대상에 대한 개인의 감상을 글로 쓸 수 있다.</td><td>장단점 쓰기
감상 쓰기</td></tr>
<tr><td>9과</td><td>남성과 여성</td><td>다른 사람의 발표를 들은 후에 의문을 제기하고 평가할 수 있다.</td><td>발표 내용에 대해 질문하기
발표 내용 평가하기</td><td rowspan="2">한국 사회의 변화와 가족 간 호칭</td></tr>
<tr><td>10과</td><td>가정과 사회</td><td>탐방문의 개요를 작성하고 글을 완성할 수 있다.</td><td>도입과 마무리 쓰기
글 완성하기</td></tr>
</table>

차례

등장인물 | Main characters

에릭 파커
- 미국
- 한국어학당 학생
- 한국전자 직원

존 카마우
- 케냐
- 한국어학당 학생
- 교환 학생

사토 유키
- 일본
- 한국어학당 학생
- 기자

리타오
- 중국
- 한국어학당 학생
- 대학 입학 예정자

노라 한슨
- 노르웨이
- 한국어학당 학생
- 대학원 입학 예정자

최주앙
- 브라질
- 한국어학당 학생
- 대학 휴학생

응웬 흐엉
- 베트남
- 한국어학당 학생

레오 마르탱
- 프랑스
- 한국어학당 학생
- 요리사

올리비아 스미스
- 호주
- 한국어학당 학생
- 외교관

이윤아
- 한국
- 대학생

정하늘
- 한국
- 대학생

김우진
- 한국
- 한국전자 직원

새 연세한국어

말하기와 쓰기 5-1

01과 문화의 차이

• 학습 목표: 발표 내용을 요약하고 발표를 시작할 수 있다.

I. 준비해 봅시다

세연일보

뉴스홈 | 다시보기 | 포토뉴스 영상구성 랭킹 APP

속보 | 정치 | 경제 | 사회 | 국제 | 문화 | 연예 | 스포츠 | 날씨

시청자와 함께 만드는 뉴스! 여러분의 생생한 제보를 기다립니다!

국제결혼 부부의 갈등, 문화 차이가 제일 큰 원인

세연일보 9월 3일 최민정 기자

안내 › 여러분의 생생한 제보를 기다리고 있습니다.

URL 줄이기 | 글자크기 + −

실비

이슬비

보슬비

장대비

소나기

여우비

- 언제, 어디에서 문화 차이를 느꼈습니까?
- 한국어와 모국어에서 나타나는 차이점을 간단하게 말할 수 있습니까?

말하기1

Ⅱ. 표현해 봅시다

1 다음의 기사 제목을 보고 발표하고 싶은 주제와 그 주제를 고른 이유에 대해서 보기 와 같이 이야기해 봅시다.

보기

①

②

③

보기

유키: 흐엉 씨, 이 기사들 중에서 제일 관심 있는 기사가 뭐예요?

흐엉: 저는 9월 3일 자 세연일보의 "국제결혼 부부의 갈등, 문화 차이가 제일 큰 원인"이라는 기사에 관심이 가요. 그래서 이 기사를 발표하고 싶어요.

유키: 왜 그 기사를 선정했어요?

흐엉: 제 주변에 한국 사람과 결혼한 고향 친구들이 몇 명 있어요. 그 친구들한테서 문화 차이 때문에 배우자와 다툰 적이 있다는 얘기를 종종 들었기 때문에 이 기사를 선정했어요.

국제결혼　금기　선정하다　다투다

2 표현을 익혀 봅시다.

도움말

발표의 첫 부분인 도입 단계에서는 먼저 인사와 자기소개를 한 후 발표할 주제를 소개한다. 그리고 왜 그 주제를 선정했는지 밝히고 발표할 내용의 순서를 알리도록 한다. 주제를 소개할 때는 질문을 던지거나 자신의 경험을 이야기해서 청중이 관심을 가지도록 하는 것이 좋고 발표는 격식체 존댓말로 한다.

인사	• 안녕하십니까? 저는 오늘 발표를 맡은 응웬 흐엉이라고 합니다. • 안녕하십니까? 오늘 발표를 맡게 된 레오 마르탱입니다.
주제 소개	• 제가 오늘 발표할 주제는 문화 차이입니다. 여러분은 '문화 차이' 하면 무엇이 먼저 떠오릅니까? • 저는 한국에 있는 외국 문화원들에 대해서 발표하겠습니다. 한국에는 여러 나라의 문화원이 있는데 여러분 나라의 문화원도 한국에 있습니까? • 지금부터 각국의 인사 문화에 대한 발표를 하고 제 의견을 말씀드리겠습니다. • 여러분은 한국의 게임 산업에 대해서 잘 아십니까? 저는 한국 게임 산업의 미래에 대해서 발표하려고 합니다.
주제 선정 동기	• 저는 한국인과 결혼한 고향 친구들이 문화 차이로 갈등을 겪는 모습을 자주 접했습니다. 그래서 결혼 이민자들의 문화 차이에 대해서 관심을 가지고 있었는데 '국제결혼 부부의 갈등, 문화 차이가 제일 큰 원인'이라는 기사를 보고 주제로 선정하게 되었습니다. • 제가 이 주제를 발표하게 된 이유는 한국의 인사법이 프랑스와 달라서 어색하거나 당황했던 경험이 있기 때문입니다.
발표할 내용의 순서	• 발표에 앞서 발표 순서를 말씀드리겠습니다. 먼저 기사 내용을 요약한 후에 제 의견을 말씀드리고 그다음에 여러분의 질문을 받겠습니다. • 오늘 발표는 조사한 내용 요약, 의견 발표, 질의 및 응답의 순서로 진행하겠습니다.

문화원　결혼 이민자　질의　응답

3 보기와 같이 이야기해 봅시다.

발표자	보기 응웬 흐엉	① 사토 유키	② 레오 마르탱	③ 에릭 파커
발표 주제	**국제결혼 부부의 갈등, 문화 차이가 제일 큰 원인** (세연일보 9월 3일)	**한국 속의 작은 외국, 주한 외국 문화원** (대한 신문 2월 26일)	**각국의 인사 문화**	**한국 게임 산업의 미래**
주제 선정 동기	문화 차이로 가족과 갈등을 겪는 친구들을 자주 접함.	일본 문화원을 자주 이용하는 한국 친구가 있음.	한국의 인사법이 고향과 아주 다름.	
발표 내용	기사 요약 의견 질의응답	기사 요약 의견 질의응답	조사 내용 요약 의견 질의응답	

보기

안녕하십니까? 저는 오늘 발표를 맡은 응웬 흐엉이라고 합니다. 제가 오늘 발표할 주제는 '문화 차이'입니다. 여러분은 '문화 차이' 하면 무엇이 먼저 떠오릅니까? 저는 한국인과 결혼한 고향 친구들이 문화 차이로 갈등을 겪는 모습을 자주 접했습니다. 그래서 결혼 이민자들의 문화 차이에 대해서 관심을 가지고 있었는데 '국제결혼 부부의 갈등, 문화 차이가 제일 큰 원인'이라는 세연일보 9월 3일 자 기사를 보고 주제로 선정하게 되었습니다. 그럼 발표에 앞서 발표 순서를 말씀드리겠습니다. 먼저 기사 내용을 요약한 후에 제 의견을 말씀드리고 그다음에 여러분의 질문을 받겠습니다.

II. 표현해 봅시다

1 보기 와 같이 한 문장으로 이야기해 봅시다.

보기 한국의 술자리 문화 중에서 술잔을 돌리며 술을 마시는 문화는 다른 나라에서 보기 힘든 고유한 문화였다. 술잔을 나누며 '우리는 하나'라는 생각을 한 것이다. 하지만 개인주의가 강해진 요즘은 이런 경우를 찾아보기가 점점 힘들어지고 있다.

① 남북한의 문화 차이는 우리가 예상하는 것보다 크지 않습니다. 오히려 언어의 차이에서 오는 어려움이 더 크다고 보는 전문가들이 많습니다. 같은 민족이 70년 넘게 따로 살아오면서 남한과 북한의 말이 점점 달라졌기 때문입니다.

② 한국어의 명사 중에서 다양한 표현을 가진 것을 알아볼까요? '비' 하면 '소나기' 정도만 알고 있는 외국인들이 많은데 한국어에는 비가 내리는 모습과 상황에 따라 '실비', '이슬비', '보슬비', '장대비', '여우비' 등 서른 개가 넘는 어휘가 있습니다.

③ 한국의 게임 회사들은 그동안 컴퓨터용 게임을 개발하는 데 집중해서 모바일 게임을 선호하는 세계적인 변화를 따라잡지 못했다. 그 결과 작년에 구글 플레이스토어의 인기 게임 100개 중 한국 게임은 17개에 불과했고 영업 이익도 크게 감소했다.

보기

술자리에서 술잔을 돌리는 한국 문화가 점점 사라지고 있습니다.

고유하다 실비 이슬비 보슬비 장대비 여우비 따라잡다 불과하다 감소하다

2 표현을 익혀 봅시다.

도움말

요약해서 말할 때는 중요한 정보가 빠지지 않도록 주의해야 하는데 읽을 때는 밑줄로 표시하고 들을 때는 메모를 하면 도움이 된다. 요약은 육하원칙(누가, 언제, 어디에서, 무엇을, 어떻게, 왜)을 따르는 것이 좋다.

요약	• 술자리에서 술잔을 돌리는 한국 문화가 점점 사라지고 있다고 요약할 수 있습니다. • 내용을 요약하면 한국어에는 비를 표현하는 어휘가 매우 다양하다는 것입니다. • 관계자의 말에 따르면/의하면 올해는 10만 명 이상이 행사에 참가할 거라고 합니다. • 겨레말큰사전 사업회는 남북한의 언어 차이를 해소하고 통일 시대에 대비하기 위해서 올해 안에 종이 사전 형태의 겨레말큰사전을 펴낼 예정이라고 합니다. • 이 기사는 3월 29일에 코엑스에서 모인 게임 개발자들이 어려움에 처한 한국 게임 산업의 현실을 깨닫고 게임 문화의 변화에 맞춰 다양하고 재미있는 모바일 게임을 개발하기로 했다는 내용입니다.

관계자 겨레말 통일 펴내다 개발자 처하다 주간 문화 체육 관광부

3 보기 와 같이 표를 채우고 이야기해 봅시다.

보기

다양한 문화 차이 이해하고 즐긴다 '문화 다양성 주간' 행사 열려

대한 신문 5월 15일 하진석 기자

문화 체육 관광부는 유엔(UN)이 정한 '문화 다양성의 날'을 맞아 '문화 다양성 주간(21일~27일)' 행사를 연다. '문화 다양성 주간' 행사는 올해로 7회를 맞으며 올해는 전국 25개 지역에서 지역별 특성을 반영한 다양한 프로그램을 운영한다.

우선 21일부터 25일까지는 인천 아트센터를 비롯한 5개 장소에서 영화제가 열리며 행사 기간 내내 음식을 주제로 세계의 다양한 문화를 접할 수 있는 축제도 곳곳에서 열린다. 행사 마지막 날인 27일에는 서울 인사동과 춘천, 광주에서 책을 통해 문화 다양성의 가치를 확인하는 북 콘서트가 열릴 예정이다.

문화 체육 관광부 관계자는 "타 문화에 대한 편견이나 고정 관념에서 벗어나 폭넓은 이해를 하도록 하는 데 행사의 목적이 있다."라고 밝히며 "행사 초기에는 참가자 수가 적었지만 매년 참가자 수가 증가해 올해는 전국적으로 10만 명 이상이 참가할 것으로 예상하고 있다."라고 했다.

누가	문화 체육 관광부
언제	5월 21일부터 27일까지
어디에서	전국 25개 지역
무엇을	문화 다양성 주간 행사
어떻게	다양한 프로그램을 운영한다.
왜	타 문화에 대한 폭넓은 이해를 목적으로

보기

제가 준비한 기사의 내용을 요약하면 다음과 같습니다.
문화 체육 관광부는 타 문화에 대한 폭넓은 이해를 목적으로 5월 21일부터 27일까지 전국 25개 지역에서 제7회 '문화 다양성 주간' 행사를 엽니다. 행사는 영화제와 음식 축제, 북 콘서트 등 다양한 프로그램으로 이루어져 있습니다. 관계자의 말에 따르면 올해는 10만 명 이상이 참가할 거라고 합니다.

타 문화　편견　고정 관념　폭넓다　밝히다

세연일보

뉴스홈 | 다시보기 | 포토뉴스 영상구성 랭킹 APP

속보 | 정치 | 경제 | 사회 | 국제 | 문화 | 연예 | 스포츠 | 날씨

시청자와 함께 만드는 뉴스! 여러분의 생생한 제보를 기다립니다!

겨레말큰사전, 첫 종이 사전으로 제작될 예정

세연일보 8월 20일 정연수 기자

안내 › 여러분의 생생한 제보를 기다리고 있습니다. URL 줄이기 글자크기 + −

남북한의 언어 차이를 해소하고 통일 시대에 대비하기 위해서 남북한 국어학자들이 함께 준비해 온 『겨레말큰사전』이 종이 사전의 형태로 나올 예정이다. 겨레말큰사전 남북공동편찬사업회(이하 사업회)는 그동안 남북한 국어학자들 간의 합의 결과와 남측의 연구 성과 등을 담아 올해 안에 종이 사전 형태의 『겨레말큰사전』을 펴내기로 했다.

이 사전에는 총 30만 7천 개의 어휘가 담긴다. 남북한이 공통으로 사용하는 말을 우선 올리고 차이가 나는 것은 남과 북이 합의해서 단일화한 어휘를 싣는다. 또한 서로 뜻이 달라진 어휘들의 뜻을 실을 뿐만 아니라 남북한에서 다르게 사용하고 있는 띄어쓰기, 사이시옷 표기 등을 통일해서 제작한다.

사업회 관계자는 "남과 북이 함께 사전을 만드는 일은 단순히 어휘를 모으고 정리하는 데 그치지 않고 민족 문화를 지키고 통일을 준비하는 일"이라며 "앞으로 개발될 한국어 전자 대사전의 밑바탕이 될 것"이라고 했다.

누가	
언제	
어디에서	
무엇을	
어떻게	
왜	

담기다 단일화하다 사이시옷 표기 밑바탕

제일 경제 신문

뉴스홈 | 다시보기 | 포토뉴스 영상구성 랭킹 APP

속보 | 정치 | 경제 | 사회 | 국제 | 문화 | 연예 | 스포츠 | 날씨

시청자와 함께 만드는 뉴스! 여러분의 생생한 제보를 기다립니다!

한국 게임 산업, 게임 문화의 변화 속에서 새롭게 변해야

제일 경제 신문 7월 1일 김수한 기자

안내 › 여러분의 생생한 제보를 기다리고 있습니다. URL 줄이기 글자크기 + −

지난달 29일 코엑스에서는 게임 개발자 200여 명이 모인 가운데 '한국의 게임 산업 이대로 좋은가?'라는 주제로 회의가 열렸다. 이 자리에서 참석자들은 어려움에 처한 한국 게임 산업의 현실을 깨닫고 앞으로의 전망과 해결책을 알아보는 시간을 가졌는데 회의 내내 분위기는 상당히 무거웠다.

실제로 지난해 구글 플레이스토어의 인기 게임 100개 중 한국 게임은 17개에 불과했다. 특히 17개 게임 중에서 중소 게임 회사의 게임은 7개뿐이었는데 이는 미국과 중국의 작은 회사들이 인기 게임을 많이 개발하고 있는 것과 비교가 되어서 불안감이 더 큰 상황이다.

개발자 모임의 대표 최영석 씨는 "모바일 게임 위주로 즐기는 게임 문화의 변화에 맞춰 다양하고 재미있는 모바일 게임을 개발하자는 데 의견을 모았다."라고 전하며 "세계적으로 인기를 끌었던 리니지나 던전앤파이터 같은 게임을 만들어 다시 일어설 것"이라고 했다.

누가	
언제	
어디에서	
무엇을	
어떻게	
왜	

일어서다

III. 정리해 봅시다

최근에 고향에서 일어난 사건이나 사고에 대한 뉴스를 간단히 소개해 봅시다.

02과 언어와 생활

• 학습 목표: 대상을 소개하고 설명하는 글을 쓸 수 있다.

Ⅰ. 준비해 봅시다

- 한국어와 한글을 어떻게 알게 되었습니까?
- 소개하는 글을 쓸 때 대상에 대해서 무엇을 알고 있어야 합니까?

쓰기1

II. 표현해 봅시다

1 보기 와 같이 간단히 설명해 봅시다.

보기

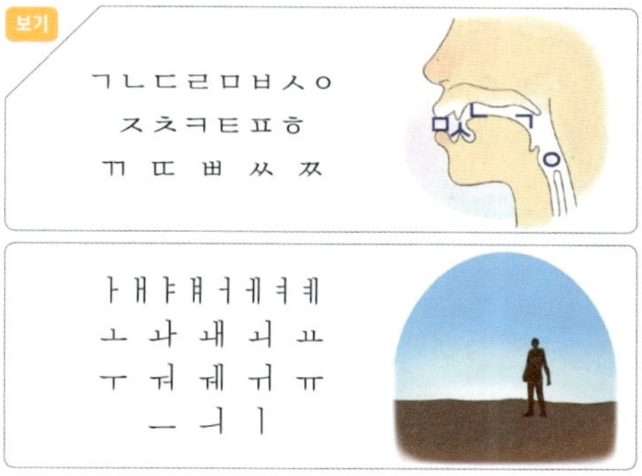

①

②

③

보기

한글은 한국어를 표기하는 문자이다. 한글의 자음은 발음 기관의 모양을 본떠서 만들어졌으며 모음은 하늘, 땅, 사람을 본떠서 만들어졌다.

표기하다　발음 기관　본뜨다　백과사전

2 표현을 익혀 봅시다.

도움말

소개하거나 설명하는 글은 정보를 전달하는 데 목적이 있으므로 대상에 대해서 알기 쉽게 써야 한다. 객관적이고 사실대로 쓰는 것이 중요하다.

- 한글은 한국어를 표기하는 문자이다.
- 한글의 자음은 발음 기관의 모양을 본떠서 만들어졌으며 모음은 하늘, 땅, 사람을 본떠서 만들어졌다.
- 세종 대왕은 조선의 네 번째 왕으로 백성들이 문자를 쉽게 배우고 쓰게 하기 위해서 한글을 창제했다.
- 백과사전은 자연과 사회, 경제, 문화, 과학 등 인간의 활동과 관련된 모든 지식을 압축하여 부문별 또는 자모순으로 배열하여 설명한 책이다.
- 루브르 박물관은 프랑스 파리에 위치한 국립 미술 박물관으로 고대에서 현대에 이르는 다양한 예술품을 소장하고 있다.
- 이 박물관은 세 개의 전시관으로 이루어져 있으며 출입구에 유리 피라미드가 설치되어 있다.
- 국립 한글 박물관은 한글과 한글 문화의 가치를 재창조하기 위해서 설립되었으며 서울 용산구에 위치하고/위치해 있다.
- 이 박물관은 지하 1층, 지상 4층으로 이루어져 있고 하늘, 땅, 사람의 모습을 나타내는 외형을 갖추고 있다.
- 문자는 사람의 생각이나 감정을 나타내기 위해서 만들어졌으며 시각적 체계를 갖춘 의사소통 수단이다.
- 세계에는 한글, 한자, 알파벳, 가나, 아랍 문자 등 다양한 종류의 문자가 있다.

백성	창제하다	압축하다	부문	자모순	배열하다
루브르 박물관	이르다	소장하다	피라미드	재창조하다	설립되다
위치하다	지상	외형	수단	알파벳	가나
아랍 문자					

3 보기 와 같이 써 봅시다.

보기

국립 한글 박물관

설립 목적
한글과 한글 문화의 가치 보존과 재창조

개관 연도
2014년 10월 9일

위치
서울 용산구

건물의 특징
한글 모음의 제자 원리

보기

한글과 한글 문화의 가치를 보존하고 재창조하기 위해서 설립된 국립 한글 박물관은 2014년 10월 9일 한글날에 맞추어 개관하였으며 서울 용산구에 위치하고 있다. 지하 1층, 지상 4층으로 이루어진 국립 한글 박물관은 한글 모음의 제자 원리인 하늘, 땅, 사람의 모습을 나타내는 외형을 갖추고 있다.

1

세종 대왕

신분
조선 시대의 제4대 왕

대표적인 업적
한글 창제

기타
만 원권 지폐, ________________

세종 대왕은 조선의 네 번째 왕으로 세계적으로도 널리 알려진 역사적 인물이다.

____

____

____

개관하다 업적 널리

2

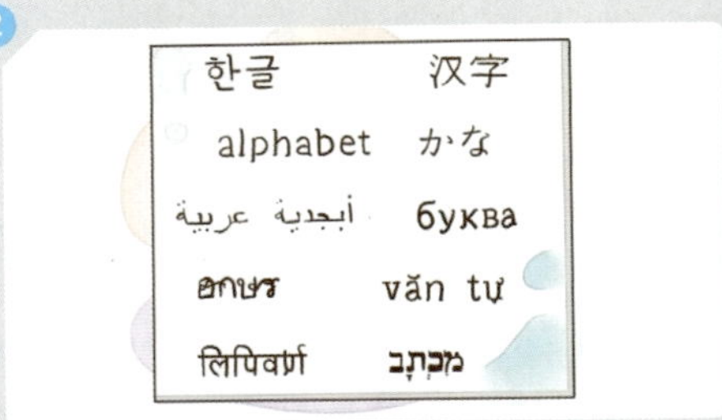

세계의 문자

문자의 의미
시각적 체계, 의사소통의 수단

문자의 종류
한글, 한자, 알파벳, 가나, 아랍 문자 등

문자는 ____________________

____

____

____

3

부산 국제 영화제

시작 연도와 의의
1996년, 한국 최초의 국제 영화제

개최 목적
아시아 영화의 발전

행사 개최 시기
매년 10월 초

위상
세계인의 영화 축제

부산 국제 영화제는 1996년에 시작된 한국 최초의 국제 영화제이다. ____________________

____

____

____

의의　개최　위상

4

쓰기2

II. 표현해 봅시다

1 앞에서 소개한 대상에 대해서 더 자세히 설명하려면 무슨 내용을 써야 합니까?

	대상	내용
보기	국립 한글 박물관	층별 시설, 전시실 안내, 전시실 외 공간 등
①	세종 대왕	왕위에 오른 배경, 업적, 역사적 평가 등
②	세계의 문자	문자의 탄생 배경, 특징에 따른 문자의 분류
③	부산 국제 영화제	주요 프로그램, 특별 행사 등
④	____________	____________, ____________

2 표현을 익혀 봅시다.

> **도움말**
> 설명하는 글을 쓸 때에는 설명하고자 하는 대상이 무엇인지 분명히 밝혀야 하며 객관적이고 사실적으로 관련 내용을 기술해야 한다.

- 박물관 1층에는 한글 도서관이 자리하고 있다.
- 이 전시실은 '한글이 걸어온 길'이라는 주제로 구성되어 있다.
- 전시실 이외에도 '한글 배움터'와 '한글 놀이터'가 마련되어 있다.
- 세종 대왕은 태종의 셋째 아들이었으나 훌륭한 성품과 학문 수준이 뛰어나 왕위에 오르게 되었다.
- 한글 창제라는 위대한 업적을 남긴 세종 대왕은 실생활과 관련된 과학을 발전시키는 데 힘썼다.
- 말은 시간적, 공간적 제약을 가진 의사소통 수단인데 이러한 제약에서 벗어날 수 있게 해 준 것이 문자이다.
- 인간은 문자가 만들어지기 이전에 그림으로 기록을 남겼다.
- 문자의 탄생 시기는 기원전 3100년경이며 가장 오래된 문자는 메소포타미아 지역에서 사용되었던 쐐기 문자인 것으로 알려져 있다.
- 문자는 그것이 의미를 나타내느냐 또는 소리를 나타내느냐에 따라서 표의 문자와 표음 문자로 나눌 수 있다.

자리하다	구성되다	배움터	놀이터	성품	학문
수준	왕위	위대하다	서적	편찬하다	힘쓰다
탄생	기원전	메소포타미아	쐐기 문자	표의 문자	표음 문자

3 보기 와 같이 써 봅시다.

보기 국립 한글 박물관

층별 시설

- 1층 한글 도서관, 2층 상설 전시실, 3층 기획 전시실

전시실 안내

- 상설 전시실 - 한글의 역사 관련 전시물
- 기획 전시실 - 한글 자료, 한글 디자인, 서체 관련 특별 전시회, 연 4~5회

전시실 외 공간

- 한글 배움터 - 체험 학습 공간
- 한글 놀이터 - 체험 전시 공간

보기

국립 한글 박물관 1층에는 한글과 한국어와 관련된 다양한 자료를 열람 또는 대출할 수 있는 한글 도서관이 자리하고 있다. 2층과 3층에는 상설 전시실과 기획 전시실이 각각 자리하고 있다.

상설 전시실은 '한글이 걸어온 길'이라는 주제로 구성되어 있는데 한글이 없었던 시대의 문자 생활, 한글 창제, 한글이 일상생활 속에 자리 잡는 모습, 어두운 역사 속에서 지켜 낸 한글과 한국어 관련 전시물들이 전시되어 있다. 일 년에 4~5회씩 열리는 특별 전시회는 기획 전시실에서 열린다. 지금까지 한글 자료뿐만 아니라 한글 디자인, 서체와 관련된 특별 전시회가 열렸다.

박물관에는 전시실 외에도 외국인들이 한글을 쉽게 배울 수 있는 체험 학습 공간인 한글 배움터, 어린이들이 즐겁게 놀면서 한글 원리를 배울 수 있는 체험 전시 공간인 한글 놀이터가 마련되어 있다.

상설 서체

1 세종 대왕

왕위에 오른 배경

- 태종의 셋째 아들이었지만 왕이 됨.
- 훌륭한 성품
- 뛰어난 학문 수준

업적

- 한글 창제
- 다양한 책 편찬 - 농업서, 지리서, 의학서
- 과학 기술 발달 - 천문 관측기 제작, 측우기, 물시계, 해시계 등 발명

역사적 평가

- 한국인이 가장 존경하는 역사적 인물

조선 시대에는 왕의 첫째 아들이 다음 왕위에 오르는 것이 원칙이었다.

____

____

____

____

____

농업서 지리서 의학서 천문 관측기 측우기 물시계 해시계 발명

2 세계의 문자

문자의 탄생 배경

- 말 - 시간적, 공간적 제약
- 문자가 만들어지기 이전의 기록 - 그림
- 문자의 탄생 - 기원전(B.C.) 3100년경, 쐐기 문자

특징에 따른 문자의 분류

- 표의 문자 - 한자, 고대 이집트 문자 등
- 표음 문자 - 한글, 로마자, 아랍 문자 등

문자가 탄생하게 된 배경은 무엇일까? 말은 시간적, 공간적 제약을 가질 수밖에 없는 의사소통 수단이므로 먼 곳에 있는 사람이나 후손들에게 어떤 내용을 전하는 것이 불가능하다. 이러한 제약에서 벗어날 수 있게 해 준 것이 바로 문자이다. ______

후손

③ 부산 국제 영화제

주요 프로그램

- '아시아의 창' - 아시아 영화 감독의 작품 소개
- '새로운 물결' - 아시아 신인 감독들의 작품 경쟁
- '한국 영화 파노라마' - 최신 한국 영화 소개
- '오픈 시네마' - 야외 특별 상영관에서 영화 상영
- ______________________________

특별 행사

- '감독과 영화를 보다' - 영화 감독과의 만남
- '오픈 시네마' 시작 전에 열리는 다양한 장르의 음악 공연
- ______________________________
- ______________________________

부산 국제 영화제는 다양한 프로그램으로 진행된다. ______________________________

____

____

____

____

____

____

____

____

창　물결　신인　파노라마　장르

4 ____________________

- ____________________
- ____________________

- ____________________
- ____________________
- ____________________
- ____________________

III. 정리해 봅시다

자신이 사용하는 모국어의 특징에 대해서 설명해 봅시다.

복습

1 면접에서 어떻게 자신을 소개하겠습니까? 보기 와 같이 이야기해 봅시다.

이름/국적	쇼타/일본	박진수/한국	레이첼/싱가포르
지원한 곳	세연 대학교 국어국문학과	제일 전자 마케팅부	대한 대학교 대학원 미디어학과
지원 동기	윤동주 시인의 시에 감동을 받음.	마케팅이 적성에 잘 맞음.	한국의 방송 연예 방면에 관심이 많음.
자신의 장점과 단점	• 책임감이 강하고 발표력이 뛰어남. • 우유부단함.	• 성격이 꼼꼼함. • 지나치게 신중함.	• 리더십이 강함. • 성격이 급함.
경력 및 특기	토픽(TOPIK) 5급	• 국외 봉사 • 토익(TOEIC) 970점	미국 대학교 교환 학생 경험
계획	대학원 진학	국외 영업	방송사 취업

보기

교수: 국어국문학과에 지원하게 된 동기가 무엇입니까?
쇼타: 윤동주 시인의 시를 읽고 감동을 받아서 한국 문학을 공부해 보고 싶었습니다.
교수: 자신의 장점과 단점이 뭐라고 생각합니까?
쇼타: 저는 책임감이 강해서 맡은 일을 완벽하게 해내고 발표력이 뛰어나서 토론 대회에서 수상한 적도 있습니다. 하지만 중요한 결정을 앞두고 우유부단한 면을 보이는 경우가 있는데 이런 단점을 고치려고 노력하고 있습니다.
교수: 특기와 앞으로의 계획에 대해서 이야기해 보겠습니까?
쇼타: 그동안 한국어 실력을 쌓기 위해서 노력한 결과 지난 11월에 토픽에 응시해서 5급을 받았습니다. 대학 입학 후에는 전공 공부를 하는 데 온 힘을 쏟아 4년 후에 대학원에 진학하는 게 목표입니다.

2 위의 내용으로 자기소개서를 써 봅시다.

시인 시 발표력 적성 방면 리더십 방송사 응시하다

문화

상황에 따라 다른 상대 높임법

한국 사람들은 상황에 따라 다른 높임법을 사용한다. 공식적인 면접이나 발표 상황에서는 주로 격식체를 사용하고 개인적으로 친밀감을 느끼는 상황에서는 주로 비격식체를 사용한다.

격식체는 표현이 직접적이고 단정적이며 객관적인 특성을 가지고 있어서 뉴스 보도, 신문 기사, 보고서, 연구 논문, 자기소개서, 일기 등에 쓰인다. 또한 학교나 회사에서 공식적인 행사, 회의, 발표 등을 할 때에도 주로 격식체가 쓰인다. 격식체는 '해라체, 하게체, 하오체, 하십시오체' 등으로 나눌 수 있으나 요즘 젊은 세대들은 '하게체'와 '하오체'를 거의 사용하지 않는다.

비격식체는 표현이 부드럽고 비단정적이며 주관적이어서 주로 개인적인 대화를 나눌 때 쓰인다.

격식체	• 지금부터 제78회 한국 고등학교 졸업식을 시작하겠습니다. • 저는 승부욕이 강한 편인데 이것은 저의 장점이자 단점입니다.
	• 지금까지 문화의 다양성과 관련한 한국인의 인식에 대해서 알아보았다. • 어젯밤에 잠을 설쳐서 그런지 오늘은 온종일 피곤했다.
비격식체	• 주앙 씨, 오늘 도와줘서 정말 고마워요. 저녁은 제가 살게요. • 엄마, 오늘 친구를 집에 데려와도 돼요?
	• 준호 형, 요즘 읽을 만한 책 없어? 책 좀 추천해 줘. • 미미야, 밖은 추우니까 안에 들어가서 기다려.

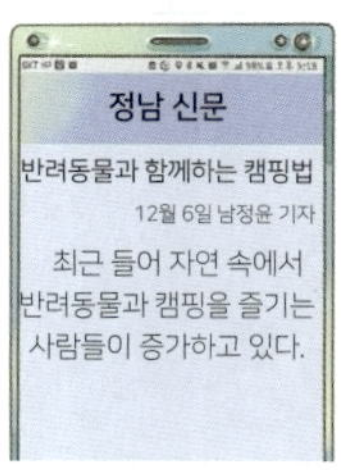

03과 음식과 문화

• 학습 목표: 다른 사람의 말을 듣고 공감하거나 자신의 의견을 덧붙여 말할 수 있다.

Ⅰ. 준비해 봅시다

- 여러분이 먹어 본 한국 음식의 특징은 무엇입니까?
- 맛집 방문 후기에 공감하여 댓글을 달아 본 적이 있습니까?

말하기1

Ⅱ. 표현해 봅시다

1 보기 와 같이 상대방의 경험에 공감하며 이야기해 봅시다.

보기

김치찌개, 오래 끓일수록 맛있어

①

급할 때는 간편하게 김밥이 최고

②

외국인에게도 인기 있는 매콤달콤 떡볶이

③

식당의 변화...바닥에 앉는 것은 힘들어

보기

유키: 이 사진 좀 보세요. 김치찌개가 참 맛있어 보이지요? 저는 고향에서도 자주 만들어 먹었는데 김치찌개는 오래 끓일수록 맛있다고 하네요.

주앙: 맞아요. 김치찌개는 오래 끓인 게 정말 맛있어요. 저도 얼마 전에 실수로 김치찌개를 오래 끓인 적이 있는데 평소보다 맛있더라고요.

2 표현을 익혀 봅시다.

도움말

공감하며 대화하기 위해서는 상대방의 이야기를 잘 듣고 이해하여 그 내용을 적절하게 표현하는 것이 중요하다. 자신의 비슷한 경험을 공유하는 것도 도움이 되며 감탄사나 몸짓 등을 사용하여 적극적으로 반응할 수 있다.

공감하기	• 아, 그렇군요. • 와, 정말 맛있겠군요. • 그런 일이 있었군요. • 그 일이 아주 인상 깊었나 봐요. • 저도 그 일에 대해서 들었어요. • 저도 그렇게 생각합니다. • 저도 비슷한 의견인데요. • 저도 흐엉 씨와 같은 생각입니다. • 저도 그런 경험을 해 본 적이 있습니다. • 맞아요. 떡볶이는 외국인들에게도 인기가 많잖아요. • 네, 급할 때는 간편하게 빨리 먹을 수 있는 김밥이 좋더라고요. • 제 경험에 비추어 봐도 처음에는 냄새 때문에 청국장을 먹기가 힘든 것 같습니다. • 막상 먹어 보면 맛있어서 잘 먹게 된다는 말에도 공감합니다. • 청국장이 발효 음식이라는 것은 저도 들어서 알고 있었어요. • 제 생각에도 소비자의 입장에서 온라인 쇼핑으로 신선한 상품을 고르는 것은 어려운 문제인 것 같습니다.

청국장 막상 발효

3 발표를 듣고 보기 와 같이 이야기해 봅시다.

	발표자	발표 주제	발표 내용
보기	흐엉	청국장	• 청국장의 냄새 • 발효 음식 • 적당히 섭취하면 건강에 좋음.
1	레오	고추장	• 매운 맛 • 붉은색을 내는 비빔밥 양념의 주재료 • 다양한 한국 음식에 사용됨.
2	존	온라인 식품 구매	• 편리하지만 신선도 확인이 어려움. • 구매 후기 확인 • 먹을 만큼만 구매
3	노라	식습관과 건강	• ____________ • ____________ • ____________

보기

나: 저도 흐엉 씨와 같은 생각입니다. 저도 한국에 와서 처음 청국장을 먹어 봤는데 냄새가 정말 강하더군요. 냄새 때문에 먹기가 부담스럽지만 막상 먹어 보면 맛있어서 잘 먹게 된다는 말에도 공감합니다. 청국장이 인내심을 가지고 정성스럽게 만드는 발효 음식이라는 것은 저도 들어서 알고 있었어요. 발효 음식은 건강에 좋은 영양소를 섭취할 수 있다고 하지요? 맛도 있는데 건강에도 좋다고 하니 좀 더 자주 먹어야겠습니다.

섭취하다 붉다 내다 주재료 신선도 식습관 인내심 정성스럽다

말하기2

II. 표현해 봅시다

1 다음의 기사 제목을 보고 보기 와 같이 자신의 의견을 더해 이야기해 봅시다.

보기

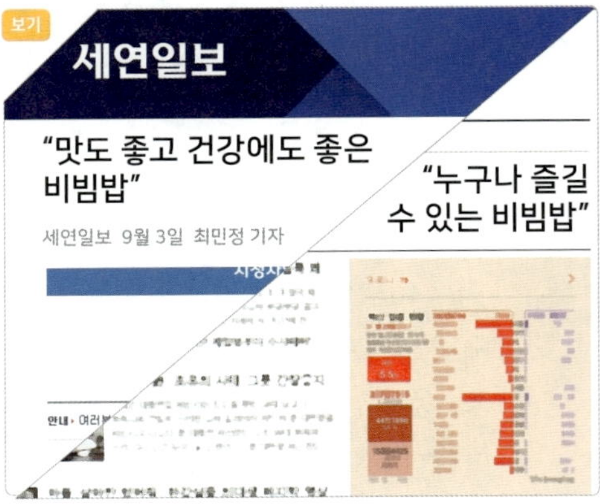
세연일보

"맛도 좋고 건강에도 좋은 비빔밥"

세연일보 9월 3일 최민정 기자

"누구나 즐길 수 있는 비빔밥"

①

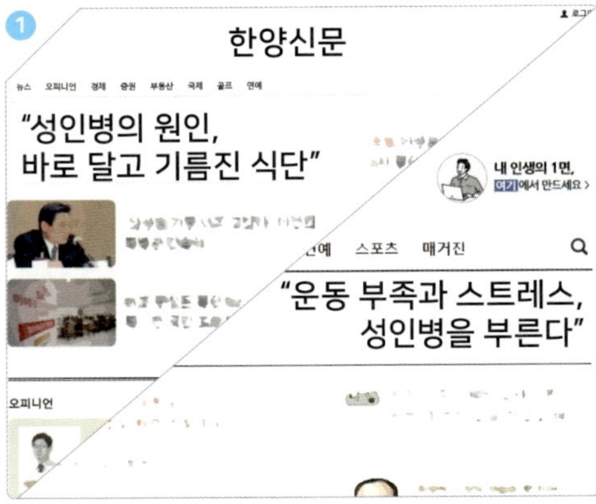
한양신문

"성인병의 원인, 바로 달고 기름진 식단"

"운동 부족과 스트레스, 성인병을 부른다"

②

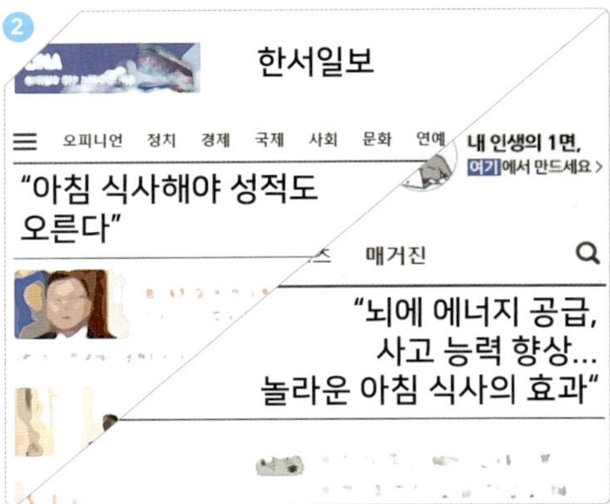
한서일보

"아침 식사해야 성적도 오른다"

"뇌에 에너지 공급, 사고 능력 향상... 놀라운 아침 식사의 효과"

③

대한신문

"외국인 유학생, 언어가 제일 큰 문제"

보기

존: 제가 신문에서 봤는데 비빔밥은 맛있을 뿐만 아니라 건강에도 좋다고 해요. 일단 채소가 많이 들어 있으니까 몸에 좋을 것 같아요.

에릭: 저도 그렇게 생각해요. 그리고 비빔밥은 조리법이나 재료를 조금만 바꾸면 채식주의자나 매운 것을 못 먹는 사람도 먹을 수 있어서 누구나 즐길 수 있다고 해요.

성인병 기름지다 뇌 에너지 사고 채식주의자

2 표현을 익혀 봅시다.

도움말

상대방의 이야기를 듣고 좀 더 자세한 내용을 덧붙이거나 구체적인 사례를 들어 내용을 추가할 수 있다. 또한 객관적인 자료를 인용하여 말하는 내용에 신뢰성을 더하면 좋다.

근거 제시하기	• 주성일보 3월 11일 자 기사에 따르면 달고 기름진 식단이 성인병의 주요 원인이라고 합니다. • 이주희 교수의 연구 결과에 의하면 아침 식사를 한 후 학생들의 성적이 올라갔다고 합니다. • 조사 결과를 보면 운동이 부족하고 스트레스를 많이 받는 사람일수록 성인병에 걸릴 확률이 높다는 것을 알 수 있습니다.
내용 추가하기	• 그뿐만 아니라/게다가 몸에도 좋다고 해요. • 좀 더 구체적으로 말하자면 햄버거, 치킨, 도넛 등 달고 기름진 음식이 당뇨병의 원인이라는 것입니다. • 언어만이 한국 생활 적응에 어려움을 느끼게 되는 원인은 아닙니다. • 다시 말하면/바꿔 말하면/즉, 다른 이유가 더 있다는 것입니다. • 예를 들면, 바닷가 근처 지역에서는 해산물을 사용하고 추운 지역에서는 기름이 많은 고기를 사용합니다. • 교토를 방문한다면 반드시 먹어 봐야 할 음식이라더군요. 맛있기도 하고요. • 제가 얼마 전에 본 책에서도 음식 문화는 지역과 관련이 있다는 내용이 있었습니다.

말하기 2

II. 표현해 봅시다

3 보기 와 같이 이야기해 봅시다.

유키의 발표 제목과 내용	올리비아가 조사한 관련 자료
보기 **춘천의 대표 음식 닭갈비**	**"춘천은 막국수·닭갈비 축제 중"** (강원신문 5월 21일)
• 고추장 양념을 한 닭고기를 채소와 함께 볶아서 먹는 음식 • 닭갈비를 먹은 후 만드는 볶음밥과 치즈 닭갈비도 인기	• 원래 닭갈비는 석쇠에 구운 불고기임. • 메밀 막국수도 유명함.
① **중국 쓰촨의 훠궈**	**"개성 넘치는 지역별 훠궈"** (월간미식 11월호)
• 매운 국물과 담백한 국물에 여러 가지 재료를 데쳐서 먹음. • 데친 재료를 찍어 먹는 소스를 만드는 방법도 다양함.	• 쓰촨의 향토 음식, 17세기부터 중국 전 지역 확산 • 지역마다 특색 있는 재료 사용
② **일본의 향토 음식 청어 소바**	**"교토 명물 청어 소바"** (한서일보 7월 4일)
• 교토의 유명한 향토 음식 • 간장에 달달하게 조린 청어를 국수에 올려서 먹음.	• 교토 관광 안내소 추천 음식 • 지리적 특성상 건어물로 만든 음식이 발달함.
③ **한국의 지역별 조리법**	**"지역 특성과 조리법"** (『음식문화의 비밀』)
• 한국의 남쪽으로 갈수록 맵고 짠 음식이 많음. • 기온이 높을수록 저장성이 좋은 음식	• 인구 밀도가 낮고 농사짓기가 어려운 지역은 육류 조리법 발달 • 인구 밀도가 높고 가축을 기르기 어려운 지역은 채소류 조리법 발달

향토 석쇠 훠궈 특색 청어 소바 달달하다 조리다 지리적 건어물
지역별 저장성 특성 밀도 가축

보기

유키: '춘천' 하면 생각나는 가장 대표적인 음식은 바로 닭갈비입니다. 닭갈비는 고추장 양념에 재워 둔 닭고기를 여러 가지 채소와 함께 철판에 볶아서 먹는 음식입니다. 고기와 채소를 다 먹고 난 후에는 남은 양념으로 만드는 볶음밥을 먹는 것도 빼놓을 수 없습니다. 매운 것을 잘 먹지 못하는 사람은 요즘 인기 있는 치즈 닭갈비를 주문하면 됩니다.

올리비아: 유키 씨의 발표를 잘 들었습니다. 그런데 강원신문 5월 21일자 기사에 따르면, 닭갈비는 원래 숯불에 구워 먹는 닭 불고기였다고 합니다. 지금도 춘천에 가면 숯불에 굽는 형태의 닭갈비를 자주 볼 수 있습니다. 그뿐만 아니라 춘천은 메밀로 만든 막국수로도 유명합니다. 매운 음식을 좋아하지 않는다면 막국수를 먹어 보는 것도 추천합니다.

III. 정리해 봅시다

에스엔에스(SNS)에 올라온 친구의 사진을 보고 공감하는 댓글을 달아 봅시다.

철판 숯불

04과 건강과 운동

• 학습 목표: 풍경과 인물 등을 사실적으로 묘사하는 글을 쓸 수 있다.

Ⅰ. 준비해 봅시다

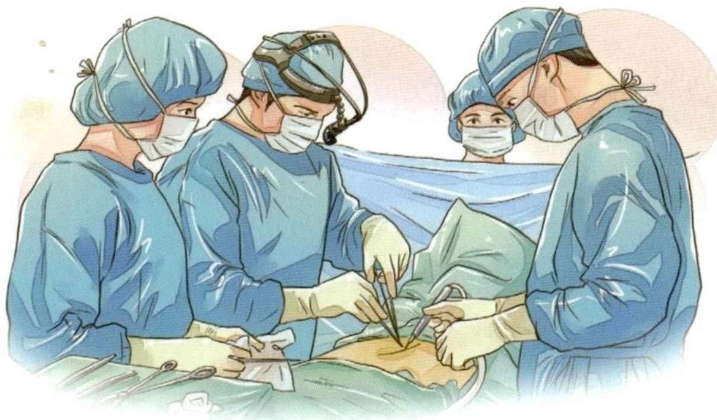

- 병원에 갔을 때 어떤 점이 인상적이었습니까?
- 의사 하면 어떤 모습이 떠오릅니까?

쓰기1

II. 표현해 봅시다

1 보기 와 같이 묘사하여 표현해 봅시다.

보기

1

2

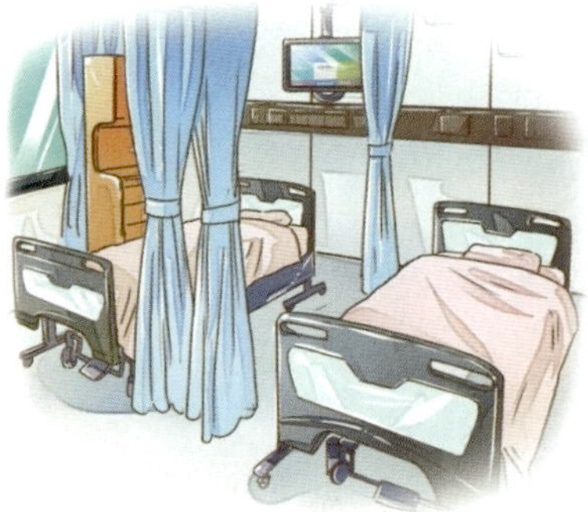

3

보기

바깥 풍경이 잘 보이는 헬스장 안에 운동 기구 네 대가 나란히 놓여 있다. 유리창 너머로 보이는 푸른 나무와 수영장이 한결 시원함을 더해 준다.

한눈팔다

2 표현을 익혀 봅시다.

도움말

사실적으로 묘사할 때는 어떤 대상(풍경, 인물)의 모습을 마치 그림을 그리듯이 보이는 그대로 자세하게 쓴다. 글을 읽는 사람들이 글 속의 풍경이나 인물을 보고 있는 느낌이 들도록 "-는다/다", "-어/아/여 있다"와 같이 현재형으로 표현할 수 있다.

풍경과 인물 묘사를 할 때 모두 "전체에서 부분으로 묘사하기", "순서를 정해서(위에서 아래, 아래에서 위, 왼쪽에서 오른쪽, 오른쪽에서 왼쪽 등) 묘사하기", "인상적인 부분부터 묘사하기" 등의 방법을 사용하면 효과적이다.

- 바깥 풍경이 잘 보이는 헬스장 안에 운동 기구 네 대가 나란히 놓여 있다.
- 사람들이 달리고 있는 길이 인상적이다. 길 양옆에는 높은 건물과 아름다운 나무가 보인다.
- 높은 건물들과 단풍이 든 나무 아래 많은 사람들이 달리고 있다.
- 병실을 상징하는 하얀색 벽과 대비되는 갈색, 파란색, 분홍색이 인상적이다.
- 이 병실은 다른 병실과 달리 가구와 커튼, 이불을 밝은색으로 하여 병실을 화사하게 느끼게 한다.
- 하얀 벽으로 깨끗한 느낌을 주는 병실에 밝은 갈색 가구, 분홍색 이불이 정리된 침대, 하늘색 커튼이 조화롭게 배치되어 있다.
- 사람들이 공원에서 여유롭게 화창한 오후를 즐기고 있다.
- 작은 범선이 오가는 강 건너의 고층 건물과 산 위의 전망대가 눈에 띈다.
- 가족과 연을 날리는 아이, 강아지와 뛰어노는 아이, 데이트를 즐기는 연인들로 공원은 만원이다.
- 밝게 빛나는 전광판 아래 야구 경기장 안은 많은 사람들로 꽉 차 있다.

상징 대비 범선

3 보기와 같이 써 봅시다.

1 <전체에서 부분으로 묘사하기>

전체

경기장 안의 꽉 찬 사람들

부분

1) 야구 선수들
2) 관중

보기

야구 경기장 안은 많은 사람들로 꽉 차 있다. 멀리서 날아오는 공을 잡으려고 뛰어가는 선수, 고개를 돌려 공의 위치를 확인하면서 전력을 다해 뛰는 선수, 이들의 움직임에 따라 같이 뛰는 선수들로 경기장은 후끈 달아 있다. 빨간 응원 도구를 힘차게 흔들면서 환호하는 관중들로 경기장에는 활기가 넘치고 있다.

전체

건물 바로 앞에 있는 색다른 스케이트장

부분

1) 사람들
2) 건물과 국기

전력 환호

2 <순서를 정해서 묘사하기>

위

밝게 빛나는 전광판

아래

1) 관람석
2) 운동장

보기

밝게 빛나는 전광판 아래 사람들로 가득 찬 관람석이 야구장을 둘러싸고 있다. 관람석에서는 많은 사람들이 일어나서 빨간 응원 도구를 흔들며 선수들을 응원하고 있다. 관람석 아래 운동장에서는 빨간색 선수복과 하얀색 선수복을 입은 야구 선수들이 날아가는 공의 방향을 살피면서 경기에 집중하고 있다.

위

진료실에 들어갈 환자의 순서와 이름을 보여 주는 모니터

아래

1) 병원 벽
2) 사람들
3) 의자들

____

____

____

3 <인상적인 부분부터 묘사하기>

인상적인 부분

건물 앞에 나란히 꽂혀 있는 여러 나라의 국기들

그 외

1) 스케이트장
2) 사람들

보기

스케이트장을 둘러싸고 있는 건물에 여러 나라의 국기들이 나란히 꽂혀 있는 것이 매우 인상적이다. 스케이트장에는 두꺼운 옷을 입은 사람들이 즐겁게 스케이트를 타고 있고 스케이트장 주위에는 사진을 찍거나 분수를 감상하는 사람들이 보인다.

인상적인 부분

병원 대기실 벽에 그려진 귀여운 동물 그림

그 외

1) 의자들
2) 모니터를 보고 있는 아이와 엄마들

분수

4 앞에서 연습한 방법 중 하나를 골라서 사진 속의 모습을 묘사해 봅시다.

쓰기2

II. 표현해 봅시다

1 보기 와 같이 묘사하여 표현해 봅시다.

보기

1

2

3

보기

안경을 쓴 남자가 어깨에 손을 올리고 인상을 잔뜩 찡그리고 있다. 남자의 찡그린 표정에서 통증의 강도가 느껴진다.

인상

2 표현을 익혀 봅시다.

도움말

인물을 사실적으로 묘사할 때도 풍경을 묘사할 때와 같이 그림을 그리듯이 자세하게 인물을 표현한다. 풍경 묘사는 그곳의 전체적인 분위기 또는 배경에 있는 사물들의 특징에 집중하지만 인물을 묘사할 때는 주로 인물의 외모, 옷차림, 표정, 행동을 중점적으로 표현한다.

- 안경을 쓴 남자가 어깨에 손을 올리고 인상을 잔뜩 찡그리고 있다.
- 의사는 남자의 팔을 들어 통증의 원인을 찾고 있다.
- 시원한 강변을 배경으로 한 남자가 달리기를 하고 있다.
- 몸을 곧게 펴고 당당하게 뛰는 모습이 매우 건강해 보인다.
- 남자의 굳은 표정과 달리 뛰는 모습이 힘들어 보이지 않는다.
- 운동 기구에서 마주 보고 웃고 있는 노부부의 온화한 표정이 인상적이다.
- 하얗게 센 남편의 머리에서 세월의 흐름을 알 수 있다.
- 노란 운동 기구를 가운데 두고 가볍게 운동을 하고 있는 노부부의 모습이 매우 행복해 보인다.
- 눈을 감고 웃고 있는 아이와 아빠의 표정이 매우 닮았다.
- 웃고 있는 아이의 미소 속에 이가 빠진 귀여운 모습이 보인다.
- 아이와 아빠는 매우 사이가 좋아 보인다.
- 아이는 뭐가 우스운지 활짝 웃고 있다.

강변　노부부

3 보기 와 같이 써 봅시다.

1 <전체에서 부분으로 묘사하기>

전체

숲에서 운동을 하고 있는 남자

부분

1) 손
2) 다리와 몸
3) 표정

보기

울창한 숲 가운데 설치된 운동 기구에서 한 남자가 운동을 하고 있다. 두 손으로 몸을 지탱하면서 다리와 몸을 들어 올리는 동작이 매우 힘들어 보인다. 꽉 다문 입과 얼굴의 표정이 여유로운 숲의 풍경과 대조적이다.

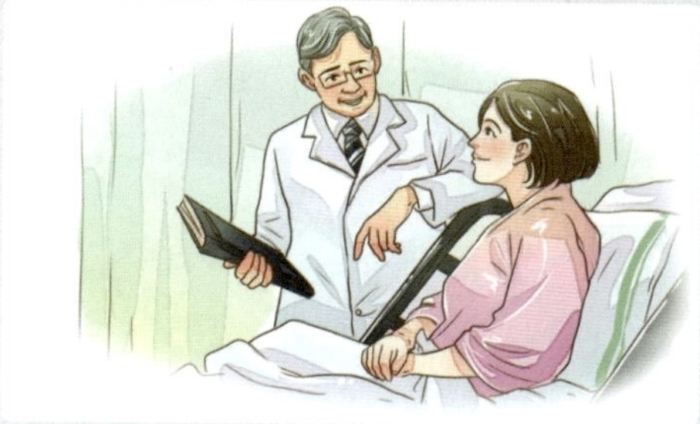

전체

병실에 있는 의사와 환자

부분

1) 의사
2) 환자

____

____

____

울창하다　지탱하다　대조적

② <순서를 정해서 묘사하기>

왼쪽
주먹을 꽉 쥐고 걸어가는 아이

오른쪽
1) 여자
2) 남자

보기

색색의 옷을 입은 가족이 등산을 하고 있다. 파란색 모자를 쓴 아이는 주먹을 꽉 쥐고 힘있게 걸음을 내딛고 있다. 노란색 등산복을 입은 엄마는 지도를 보면서 길을 확인하고 있다. 빨간색 등산복을 입은 아빠는 만면에 웃음을 띠고 여유롭게 주위를 돌아보면서 산을 오르고 있다.

위
환한 미소를 띤 골프 선수의 표정

아래
1) 손
2) 자세

____

____

____

만면 띠다

3 <인상적인 부분부터 묘사하기>

인상적인 부분

바닷가에서 연인이 자전거를 타고 있는 모습

그 외

1) 손

2) 옷차림

보기

바다를 배경으로 자전거를 타고 있는 두 연인의 모습이 인상적이다. 두 연인은 사랑스러운 눈으로 서로를 바라보면서 두 손을 꼭 잡고 있다. 옷도 색깔을 맞춰 입어 연인임을 보여 주고 있다.

인상적인 부분

싸우는 것 같은 두 아이의 자세

그 외

1) 옷차림

2) 손

3) 표정

4 앞에서 연습한 방법 중 하나를 골라서 사진 속의 모습을 묘사해 봅시다.

III. 정리해 봅시다

다른 친구들이 묘사한 글을 읽은 후에 어떤 장면이 떠오르는지 이야기해 봅시다.

복습

1 묘사한 글을 읽고 밑줄 친 부분을 보기 와 같이 고쳐 봅시다.

보기 여러 나라의 국기들은 건물 앞에 나란히 꽂고 있는 것이 인상적이다.
이 꽂혀

1) 

식당에 부부로 보이는 한 쌍의 ①노인은 나란히 ②앉고 있다. 테이블 위에는 흰 ③쌀밥이랑 미역국이 노인들 앞에 각각 ④놓았고 같이 먹을 수 있는 여러 반찬들이 있다. 테이블 가운데에 놓인 큰 생선 ⑤요리를 인상적이다. 생선의 길이가 테이블만 ⑥한다. 창밖으로 나무 한 그루와 초록색 ⑦들판을 ⑧본다.

2) 

건물 앞 넓은 ①광장에 남자 한 명과 여자 여섯 명이 춤을 ②췄다. 일곱 명 모두 오른쪽 방향을 향해 ③서고 있다. ④남자가 하얀색 티셔츠와 파란색 바지를 입었고 ⑤여자들이 하얀색 발레복과 몸에 붙는 파란색 바지를 ⑥입어 있다. 모두 어깨 높이로 든 오른팔을 쭉 뻗고 있으며 다리는 어깨 넓이만큼 ⑦벌린다. 건물 앞에 구경꾼들이 몇 명 ⑧선다.

2 다음 글에서 틀린 표현을 찾아서 고치십시오.

최근 외국인이 가장 먹고 싶은 한국 음식 1위가 치킨, 2위가 삼겹살이라는 조사 결과를 본 적이 있다. 비빔밥, 불고기가 그 다음 순이었다. 이러한 결과가 나온 이유는 한국 치킨이나 삼겹살이 특별히 맛있다기보다는 한국 드라마와 한국 영화에 나왔다. 젊은 세대들이 치킨과 삼겹살을 많이 선택한 반면에 40대 이상의 외국인들이 비빔밥과 간강게장을 먹어 보고 싶다고 응답했다.

먹고 싶은 → 먹고 싶어 하는
나왔다 → 나왔기 때문이라고 볼 수 있다
외국인들이 → 외국인들은
맛있다기보다는 → 맛있어서라기보다는
세대들이 → 세대들은

쌍 그루 들판 발레복 구경꾼 응답하다

문화

음식과 관용 표현

음식은 살아가는 데 필수적인 것으로 어느 나라나 고유의 식문화를 가지고 있다. 특히 한국 사람들에게 음식은 문화와 떼려야 뗄 수 없는 밀접한 관계를 갖고 있는 것들 중의 하나이다. 특별한 의미가 있는 날마다 반드시 먹는 음식이 따로 정해져 있는 것이나 가족을 '식구' 즉, 같이 식사하는 사람으로 말하는 것 역시 그런 문화를 보여 주는 한 예이다.

이런 한국의 문화는 다양한 표현에도 나타난다. 먼저 "아침(점심, 저녁)은 드셨습니까?"는 상대에 대한 관심과 애정을 담아 일상적으로 나누는 인사이며, "언제 한번 밥이나 먹자."라는 말 역시 앞으로도 상대와 계속 좋은 관계를 유지하고 싶다는 의미의 인사로 자주 쓰인다.

음식을 만들거나 먹는 모습에 비유하여 사용하는 표현도 많다. 어떤 일을 자주 할 때는 날마다 먹는 밥에 비유하여 '밥 먹듯 한다'고 하며 이랬다저랬다 마음을 자주 바꾸는 사람은 '변덕이 죽 끓듯 한다'고 한다. 특별한 날이면 꼭 먹는 떡도 단골로 등장한다. 쉬운 일은 '누워서 떡 먹기'이고 아무런 쓸모가 없거나 실속이 없는 일은 '그림의 떡'이며 미운 사람이라도 잘해 주어 좋은 감정을 쌓아야 한다는 인간관계에 대한 교훈은 '미운 놈 떡 하나 더 준다'는 말로 표현한다.

또한 어떤 사람이나 상황을 음식의 재료가 되는 각종 먹거리들에 비유하여 표현하기도 한다. 예를 들어 신혼부부의 다정한 모습을 나타내는 '깨가 쏟아지다', 매우 놀라거나 겁이 날 때 쓰는 표현인 '간이 콩알만 해지다', 겉모습으로 사람을 판단하지 말라는 뜻인 '작은 고추가 맵다' 등의 관용 표현이 있다.

05과 과학과 인간

• 학습 목표: 상대방의 주장에 대해서 다른 의견이나 대안을 제시할 수 있다.

Ⅰ. 준비해 봅시다

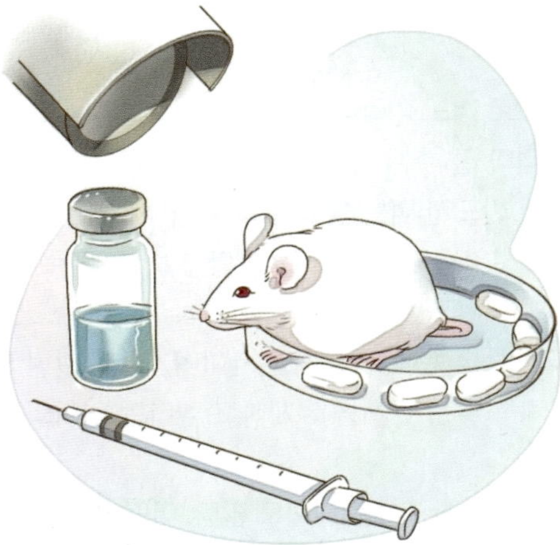

- 동물 실험에 대해서 어떻게 생각합니까? 왜 그렇게 생각합니까?
- 동물 실험을 대신할 수 있는 방법으로는 어떤 것이 있을까요?

Ⅱ. 표현해 봅시다

1 보기 와 같이 다른 의견을 이야기해 봅시다.

주제	유키의 의견	노라의 의견
보기 동물 실험	안전성을 위해서 꼭 필요한 과정	다른 방법으로 신약 개발 가능
① 자율 주행차의 안전성	졸음운전이나 음주 운전 등의 사고 예방	컴퓨터 센서의 오작동 발생
② 비타민제 복용	식품으로 섭취 가능	식품만으로는 비타민 섭취 부족
③ 어린이들의 휴대 전화 사용	성적과 시력이 떨어짐.	____________

보기

노라: 유키 씨, 동물 실험에 대해서 어떻게 생각하세요?
유키: 저는 동물들이 불쌍하기는 하지만 신약을 개발할 때 안전성을 위해서 꼭 필요한 과정이라고 생각해요. 노라 씨는 어떻게 생각해요?
노라: 저는 동물 실험이 꼭 필요할까 하는 생각이 들어요. 왜냐하면 최근에는 동물 실험이 아니어도 다른 방법으로 신약을 안전하게 개발할 수 있거든요.

실험 안전성 신약 자율 주행차 졸음운전 센서 오작동 비타민제 복용 불쌍하다

2 표현을 익혀 봅시다.

도움말

다른 사람의 주장과 다르게 생각할 때는 공손하되 강한 어조로 자신의 입장을 분명히 밝힌다. 구체적인 사례나 신문 기사, 통계 자료, 연구 결과를 인용해서 자신이 다르게 생각하는 이유나 근거를 분명히 밝힌다.

다른 의견과 근거 제시	
다른 의견과 근거 제시	• 저는 동물 실험이 꼭 필요할까 하는 생각이 들어요. 왜냐하면 최근에는 동물 실험이 아니어도 다른 방법으로 신약을 안전하게 개발할 수 있거든요. • 저는 유키 씨와 생각이 달라요. 컴퓨터 센서의 오작동이 발생할 수 있다는 점에서 자율 주행차의 안전성에 대해 좀 더 생각해 볼 필요가 있다고 봅니다. • 식품만으로는 비타민을 충분히 섭취하기가 힘들기에 유키 씨의 의견에 동의할 수 없습니다. • 채소가 건강에 좋기는 하지만 저는 채식만으로 건강해진다는 의견에 동의하기 어렵습니다. 헬스코리아 기사에 의하면 단백질과 철분이 부족한 경우에 탈모나 빈혈 등의 부작용이 생겨서 건강에 해롭다고 합니다. • 채식주의는 영양소를 골고루 섭취하는 데 한계가 있다는 점에서 문제가 있다고 봅니다. • 저는 이 기사의 내용과 다르게 생각합니다. 비타민 시(C)를 과다하게 복용하면 부작용이 더 많다는 연구 결과가 있기 때문입니다. • 외국의 한 연구 결과에 따르면 커피는 우울증이 발생할 가능성도 낮춰준다고 하는데 무조건 해롭다고 말할 수는 없다고 봅니다.

채식 단백질 철분 탈모 빈혈 부작용 과다하다 우울증 무조건

3 보기와 같이 근거를 제시하며 다른 의견을 이야기해 봅시다.

보기 **젊은 층 중심으로 채식주의자 증가** 유명 스타들도 에스엔에스(SNS)에 "채식으로 건강해졌어요." 올려 (대한 신문 9월 25일)	⟺	**단백질과 철분 부족한 채식 건강에 해로워** 탈모, 빈혈 등 부작용도 (헬스 코리아 10월 7일) **친구의 사례: 탈모, 피로감**

보기

에릭: 최근 20~30대 젊은 층을 중심으로 채식주의자가 늘고 있다고 합니다. 유명 스타들이 에스엔에스(SNS)에 채식 위주의 식사로 건강해졌다고 올리기도 하고요. 저도 채식주의자까지는 아니어도 채식 중심으로 식단을 바꿔 볼까 생각 중입니다.

레오: 채소가 건강에 좋기는 하지만 저는 채식만으로 건강해진다는 의견에 동의할 수 없습니다. 헬스 코리아 기사에 의하면 단백질과 철분이 부족한 경우에 탈모나 빈혈 등의 부작용이 생겨서 건강에 해롭다고 합니다. 채식주의는 영양소를 골고루 섭취하는 데 한계가 있다는 점에서 문제가 있다고 봅니다. 제 주위에 평소에 고기나 생선을 먹지 않는 친구가 있는데 머리가 자꾸 빠지고 쉽게 피로해진다고 최근에는 식습관을 바꾸더군요. 음식은 골고루 먹는 게 제일 좋다고 생각합니다.

피로감 식단 영양소 한계

1

하루 1000mg 비타민 시(C) 섭취, 암 예방 효과

(건강일보 4월 1일)

↔

비타민 시(C) 과다 복용은 부작용이 더 많아

신장에 문제 생길 가능성 커

(세연 대학교 김원선 교수 연구)

외국의 연구: 하루 500mg을 넘지 않도록 해야 함.

2

인공 지능(AI) 활용한 면접 증가

경비 절약 효과에 신뢰성까지

(디지털 한국 5월호)

↔

인공 지능(AI) 면접, 인재 놓칠 수도

기술적 문제로 인한 오류 가능성, 개인의 인성과 분위기도 정확히 알기 어려워

(한서일보 10월 4일)

자신의 경험: 마이크 고장으로 면접에 불합격함.

3

한국인이 사랑하는 커피, 수면 장애와 불안감 불러와

(건강과 과학 6월호)

↔

커피, 알고 마시자

적당량의 커피는 장 건강에 도움

(건강일보 7월 7일)

외국의 연구: 하루 4잔 이상 커피를 마시면 우울증에 걸릴 가능성 10% 감소

과다　신뢰성　인재　장애

II. 표현해 봅시다

1 보기 와 같이 대안을 이야기해 봅시다.

보기 유전병으로 고생하는 부부가 건강한 맞춤형 아기를 낳으려고 한다.	**노인들도 안심 운전** 자율 주행차 시대 맞아 노인 운전자 증가 예상 (세연일보 5월 6일)
① 비만으로 고민 중인 사람이 지방을 없애는 성형 수술을 받을 계획이다.	**맞춤형 아기 윤리적 논란** 입양이 대안이 될 수 있어 (대한 신문 9월 18일)
② 노인들의 교통사고가 증가해서 75세 이상 노인들의 운전을 금지하려는 움직임이 있다.	**위험한 지방 제거 수술** 운동과 식이 요법으로 대신해야 (헬스 코리아 2월 26일)
③ 경제적인 이유로 원하던 대학 진학을 포기하고 취직을 하려고 한다.	**대학 진학의 꿈 포기하지 마세요** 학비 저렴하고 시간 제약 없는 사이버 대학 인기 높아져 (한경일보 7월 1일)

보기

미라: 저희 남편이 유전병을 앓고 있는데 건강한 아기를 낳기 위해서 맞춤형 아기를 신청하려고 해요.

올리비아: 맞춤형 아기는 윤리적으로 문제가 있다고 봅니다. 아기를 간절히 원한다면 입양이 대안이 될 수도 있습니다.

유전병 맞춤형 아기 대안 비만 윤리적 논란 식이 요법 사이버 대학 간절히

2 표현을 익혀 봅시다.

도움말

다른 사람의 주장을 듣고 반대를 하는 데 그치지 않고 구체적이고 적절한 해결 방안을 제시한다.

대안 제시	• 아기를 간절히 원한다면 입양이 대안이 될 수도 있습니다. • 위험한 지방 제거 수술을 받기보다는 운동과 식이 요법을 함께 시작하는 게 좋지 않을까요? • 대학 진학을 포기하지 말고, 학비도 저렴하고 시간과 장소에 관계없이 수업을 들을 수 있는 사이버 대학에 등록하는 게 좋을 것 같습니다. • 동물 실험을 하는 대신 다른 방법을 사용하는 게 어떨까요? 인공 피부를 사용한다든지 컴퓨터 시뮬레이션을 활용한다든지 하는 방법을 생각해 볼 수 있습니다. • 스마트 장비를 설치한다고 해도 하루 종일 무인 상점으로 운영할 게 아니라 낮에는 유인 상점으로, 밤에는 무인 상점으로 운영하는 방법도 있습니다.

3 보기 와 같이 대안을 이야기해 봅시다.

존의 의견	주앙의 의견	주앙의 대안
보기 동물 실험은 필요하다.	동물 실험으로 고통을 당하는 동물들이 많다.	• 인간의 피부와 가까운 인공 피부 사용 • 컴퓨터 시뮬레이션 활용
① 식량 부족 시대에 유전자 조작 식품은 꼭 필요하다.	유전자 조작 식품을 믿을 수 없다.	• 안전성이 확인될 때까지 기다림. • 곤충 식품 활용
② 스마트 장비가 설치 무인 상점을 늘려야 한다.	실업자 증가 문제가 발생할 것이다.	• 손님이 많은 낮에는 유인 상점으로 운영 • ________________
③ 초등학생들의 피시방 출입을 금지해야 한다.	초등학생도 스트레스를 해소할 장소가 필요하다.	• 어린이 전용 피시방 • ________________

시뮬레이션　장비　무인　상점　유인　식량　유전자 조작　곤충　실업자

보기

존: 저는 약이나 화장품을 안전하게 사용하려면 동물 실험이 꼭 필요하다고 생각합니다.

주앙: 저는 동물 실험으로 고통을 당하는 동물들을 생각하면 동물 실험은 없어져야 한다고 봅니다. 동물 실험을 하는 대신 다른 방법을 사용하는 게 어떨까요? 인간의 피부와 가까운 인공 피부를 사용한다든지 컴퓨터 시뮬레이션을 활용한다든지 하는 방법을 생각해 볼 수 있습니다. 아직은 완벽하지 않지만 끊임없이 연구한다면 동물 실험을 대신할 기술이 개발될 거라고 봅니다.

III. 정리해 봅시다

인터넷 게시판에 올라온 글을 보고 반대하는 댓글을 완성해 봅시다.

게시판

글쓴이	js*** 09-27

저는 올겨울에 엄마가 물려주신 모피 코트를 입으려고 해요. 그런데 동물 보호 단체 회원인 친구가 절대로 입지 말라고 말리네요. 새로 사는 것도 아닌데 저는 친구가 심하다는 생각이 들어요. 여러분도 모피 코트를 입는 것에 대해서 반대하시나요?

● 댓글 1개

wo**** 09-27 네, 저도 반대합니다.

물려주다 모피 단체 말리다

06과 인터넷과 현대인

• 학습 목표: 인물이나 대상 등을 비유하는 글을 쓸 수 있다.

Ⅰ. 준비해 봅시다

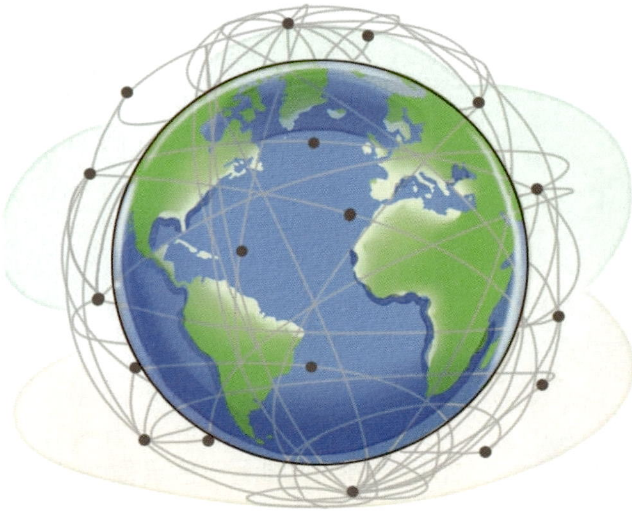

- 인터넷의 발달로 사람들의 생활이 어떻게 달라졌습니까?
- 사이버 공간이 또 다른 세계인 것처럼 느껴질 때가 있습니까?

쓰기1

II. 표현해 봅시다

1 그림을 보고 보기 와 같이 비유하여 표현해 봅시다.

보기

①

②

③

보기

사이버 공간은 현실에 실제로 존재하지는 않지만 또 하나의 세계와 같다고 할 수 있다. 이 세계에서 사람들은 얼굴도 이름도 모르는 수많은 이들과 정보를 공유하기도 하고, 다양한 형태의 거래를 하기도 한다.

사이버 수많다 공유하다 거래

2 표현을 익혀 봅시다.

도움말

비유하여 글을 쓸 때에는 어떤 사물이나 현상을 직접적으로 설명하지 않고 비슷한 사물이나 현상으로 표현하여 그 성질이나 특징을 더 분명하게 드러낸다. '같이', '처럼', '-듯이', '-는 듯이', '마치 -는 것처럼' 등을 사용하여 표현할 수 있다.

- 사이버 공간은 또 하나의 세계와 같다.
- 인터넷상의 저장 공간인 '클라우드'는 하늘의 구름을 어디에서든지 볼 수 있듯이 어디에서든지 저장해 놓은 자료를 볼 수 있다는 의미를 갖고 있다.
- 인터넷에서 다른 사람의 개인 정보를 빼내는 것은 도둑이 몰래 남의 집에 들어가서 물건을 훔치는 것과 같다.
- 하늘을 나는 새처럼 나도 하늘 높이 날아 보고 싶다.
- 공기가 없으면 살 수 없듯이 현대인은 스마트폰이 없으면 살 수 없다고 생각한다.
- 친구들과 인터넷으로 화상 채팅을 하다가 보면 친구들과 내가 마치 한 공간에 있는 것처럼 느껴질 때가 있다.
- 사람이 병에 걸리지 않으려고 예방 주사를 맞듯이 컴퓨터도 바이러스에 감염되지 않게 백신 프로그램을 설치하는 것이 좋다.
- 잘 먹고 푹 쉬었더니 감기가 씻은 듯이 나았다.
- 공연을 보는 내내 마치 꿈을 꾸는 것처럼 행복했다.

클라우드 빼내다 훔치다 화상 채팅 바이러스 감염되다 백신

3 보기 와 같이 써 봅시다.

보기

스마트폰

전 세계 어디에서나 아이 어른 할 것 없이 스마트폰 중독 문제가 심각하다. 공기가 없으면 살 수 없듯이 요즘 사람들은 잠시라도 스마트폰과 떨어져서는 생활을 하지 못한다. 현대인에게 공기와 같은 스마트폰, 과연 이대로 괜찮은 것일까?

1

인터넷 화상 채팅

나는 멀리 떨어져 있어서 만날 수 없는 친구들과 가끔 인터넷으로 화상 채팅을 한다. 각자 준비한 음식을 먹으면서 즐겁게 이야기하다가 보면 ______________________

____

____

____

2

컴퓨터 바이러스 감염

사용자가 주의하지 않으면 컴퓨터도 바이러스에 감염되기 쉽다. ______________

____

____

____

3

최고수 과장님

최 과장님은 얼굴에 표정이 없으시다. 지금까지 기뻐하는 모습이나 슬퍼하는 모습은 물론이고 놀라는 모습도 본 적이 없다. ______________

____

____

____

로봇

4

감시 카메라

감시 카메라

쓰기2

II. 표현해 봅시다

1 관계있는 것을 연결하고 보기 와 같이 표현해 봅시다.

보기

에스엔에스(SNS)

1

인터넷

2

스마트폰

3

지하철

- 비서
- 놀이터
- 시민의 발
- 정보의 바다

보기

에스엔에스(SNS)는 세상에서 제일 작은 놀이터이다. 그네나 시소, 미끄럼틀은 없지만 그 어떤 놀이터보다 재미있는 것들이 많은 곳이다. 휴대 전화만 있으면 이 놀이터에서 즐거운 시간을 보낼 수 있다.

그네　　시소　　미끄럼틀

2 표현을 익혀 봅시다.

도움말

어떠한 대상을 다른 사물이나 형상으로 비유하여 '무엇은 무엇이다' 등으로 표현할 수 있다. 사람이 아닌 대상을 사람이 행동하는 것처럼 표현할 수도 있고 생명이 없는 것을 생명이 있는 것처럼 표현할 수도 있다. 이러한 비유 표현은 주관적이라고 할 수 있지만 공통점을 지닌 대상에 적절하게 비유한다면 다른 사람의 공감을 얻을 수 있다.

- 에스엔에스(SNS)는 세상에서 제일 작은 놀이터이다. 휴대 전화만 있으면 이 놀이터에서 즐거운 시간을 보낼 수 있다.
- 인터넷은 정보의 바다이다. 바다의 자원이 무궁무진한 것처럼 인터넷으로 얻을 수 있는 정보도 무한하다.
- 스마트폰은 훌륭한 비서이다. 사용자가 원하는 것을 지시하면 바로 처리해 준다.
- 대중교통 수단인 지하철은 시민의 발이다. 매일 수많은 사람들을 목적지까지 데려다주기 때문이다.
- 에스엔에스는 좋은 친구이다. 유용한 정보를 공유해 주기도 하고 힘들 때 위로도 해 준다.
- 에스엔에스는 세상을 향해서 건네는 손이다.
- 에스엔에스는 사방이 투명한 유리로 된 집이다.
- 시간은 금이다.
- 여행은 일상의 쉼표이다.

3 보기와 같이 써 봅시다.

보기

에스엔에스(SNS)

보기

에스엔에스(SNS)는 좋은 친구이다. 유용한 정보를 공유해 주기도 하고 힘들 때 위로도 해 준다.

무궁무진하다 무한하다 지시하다 처리하다 데려다주다 유용하다 사방 쉼표

1

에스엔에스

에스엔에스는 ____.
자신이 건넨 손을 다른 사용자가 잡으면 나이, 성별, 국적에 관계없이 누구나 서로 친구가 될 수 있다.

2

에스엔에스

에스엔에스는 ____.
집 안에 무엇이 있는지 집주인이 무엇을 하는지 밖에서 다 볼 수 있는 유리 집처럼 에스엔에스 공간에서도 사용자의 사생활이 노출된다. 이런 점 때문에 에스엔에스 사용자들은 보통 자랑하고 싶은 것이나 행복한 모습만 보여 주려고 한다.

노출되다

3

인생

인생은 마라톤이다. ____________________

____

____

4

에스엔에스의 '좋아요' 개수

____

____

____

III. 정리해 봅시다

실제로 자주 만나는 친구와 에스엔에스 친구의 다른 점을 이야기해 봅시다.

마라톤

복습

1 다음 상황과 알맞은 것을 찾아 연결하고 보기 와 같이 이야기해 봅시다.

	상황	관용 표현
①	오랫동안 모은 돈으로 식당을 열었는데 손님이 별로 없음.	돈을 물 쓰듯 하다.
②	여자 친구와 헤어져서 너무 힘들었지만 한 달쯤 지나니 괜찮아짐.	파리만 날리다.
③	월급이 오르고 나니 갖고 싶은 게 많아져서 날마다 쇼핑을 하게 됨.	발이 넓다.
④	시험이 있는데 공부를 미루다 보니 벌써 내일이 시험임.	세월이 약이다.
⑤	유키는 직업이 기자여서 그런지 아는 사람이 정말 많음.	발등에 불이 떨어지다.

보기

레오: 오랫동안 모은 돈으로 지난달에 식당을 열었는데 손님이 별로 없어요.
올리비아: 많은 돈을 투자했는데 파리만 날리고 있다면 큰 문제네요.
에스엔에스(SNS)에 광고를 올려 보는 게 좋지 않을까요?
식당 메뉴를 조금 바꿔 보는 것도 생각해 볼 수 있을 것 같아요.

2 다음 관용 표현의 의미를 알아본 후 이를 사용한 문장을 만들어 봅시다.

- 걱정이 태산이다.

→ ______________________________

- 해가 서쪽에서 뜨겠다.

→ ______________________________

- 눈에 넣어도 아프지 않다.

→ ______________________________

문화

인터넷과 유행어

정보와 기술의 발달로 전 세계는 나날이 더욱 빠르게 변화하고 있다. 이러한 사회의 변화는 자연스럽게 언어에서도 나타난다. 그것은 한국도 예외는 아니며, 이러한 변화의 모습은 특히 온라인상에서 잘 드러난다. 특히 요즘 의사소통의 상당한 부분을 차지하고 있는 에스엔에스(SNS)의 유행어를 보면 이러한 변화를 느낄 수 있다.

유행어의 대부분은 긴 단어나 표현을 간단히 줄여 말하는 형식이다. 이것은 어휘 전체를 다 입력하는 수고를 덜어 주며 훨씬 빠르기 때문이다. 가격에 비해 물건의 질이 좋거나 양이 많을 경우에 사용하는 '가성비(가격 대비 성능의 비율)', 아무리 추운 날씨에도 찬 음료를 마시는 사람인 '얼죽아(얼어 죽어도 아이스 아메리카노)' 등이 대표적이다. 길게 설명하고 천천히 이해하는 것보다 간단히 말하고 빠르게 이해하기를 바라는 현대인의 필요에 의한 결과라고 할 수 있을 것이다.

또 다른 유행어의 모습으로는 글자의 모양을 마치 그림처럼 해석하여 만든 유행어가 있다. '댕댕이, 커엽다, 띵작' 등은 원래 '멍멍이, 귀엽다, 명작'인데, 의미와는 전혀 상관없이 글자 모양이 비슷하다는 이유만으로 만들어진 어휘라고 할 수 있다. 이러한 어휘들은 온라인상에서 더 사람들의 관심을 끌기 쉽고 즉각적인 재미를 주기 때문에 사용되는 것으로 보인다.

물론 젊은 세대들이 대화 상황에서 유행어를 더 적극적으로 사용하지만, 이제 유행어는 기성세대에게도 낯설게 느껴지지 않을 정도이며 때로는 신문 기사 등의 공공 매체에서 사용되기도 한다.

07과 공교육과 사교육

• 학습 목표: 사회 현상에 대해서 설명하고 자신의 의견을 제시할 수 있다.

Ⅰ. 준비해 봅시다

- 학창 시절을 떠올릴 때 기억에 남는 수업이 있습니까?
- 여러분은 사교육의 역할이 무엇이라고 생각하십니까?

II. 표현해 봅시다

1 보기 와 같이 내용을 정리하고 의견을 이야기해 봅시다.

보기

고등학교 수업 시간표

학교 생활	시간
오전 수업	8:30~12:30
점심 시간	12:30~1:30
오후 수업	1:30~4:30
방과 후 학교	5:00~6:00
저녁 시간	6:00~7:00
야간 자율 학습	7:00~10:00

①

"정규 교육 이외에도 대학 진학의 길 있어"

- 대안 학교, 홈스쿨링 등으로 공부하는 학교 밖 청소년
- 1년에 2회, 각 지역에서 검정고시 응시 가능

②

"청소년의 고민, 첫 번째는 성적"

- 전국 13~18세 청소년 대상 조사 -

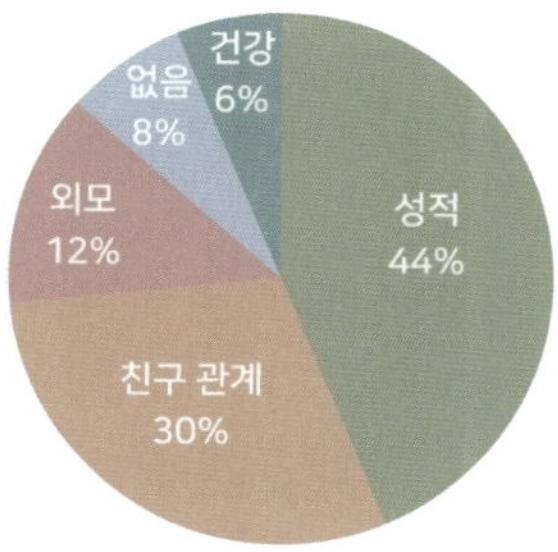

③

"치마 교복 착용 불만족...그 이유는?"

- 활동하기에 불편함 65%
- 겨울에 추움 20%

보기

윤아: 학교마다 다르기는 하지만 한국 고등학생들은 대체로 8시 반부터 4시 반까지 수업을 듣고, 수업이 끝난 후에 원하는 사람은 학교에 남아서 더 공부할 수 있어요.

레오: 한국 고등학생들은 학교에서 대부분의 시간을 보내는군요. 입시 준비가 중요하기는 하지만 자기 자신을 위해서 쓰는 시간이 너무 부족한 것이 문제로 보여요. 이러한 문제점에 대한 검토가 필요합니다.

자율　정규 교육　대안 학교　홈스쿨링　검정고시　착용　검토

2 표현을 익혀 봅시다.

도움말
발표의 마무리 부분에서는 지금까지의 발표 내용을 간단히 정리하고 자신의 의견을 제시한 후, 청중에게 감사 인사를 하며 끝낸다.

내용 정리	• 지금까지 한국의 입시에 대해서 살펴보았습니다. • 제가 발표한 내용은 여기까지입니다. • 오늘 말씀드린 것을 간단히 요약해/종합해 보면, 학생들은 학벌이 중시되는 사회 분위기 속에서 명문 대학 진학을 목표로 각종 시험의 준비에 매달리고 있습니다.
마무리 의견	• 결론적으로 말씀드리자면 앞으로 이런 획일적 평가 방법을 대신할 장기적 대안이 필요하다고 봅니다. • 그러나 중요한 것은 대안 학교의 장단점을 모두 꼼꼼히 파악한 후에 진학을 결정해야 한다는 것입니다. • 그러나 여전히 남아 있는 문제들에 대해서 함께 생각해 보아야 할 필요성이 있습니다. • 발표 내용에서는 다루지 않았지만 앞으로 이 문제를 어떻게 해결해야 할지 이후의 대책이 필요하다고 봅니다.
인사	• 그럼 이상으로 제 발표를 마치겠습니다. • 지금까지 제 발표를 들어 주셔서 감사합니다.

학벌　명문　획일적　장기적　대책

3 보기와 같이 이야기해 봅시다.

보기 **주제:** 한국의 입시

내용 정리	마무리 의견
• 학벌이 중요시되는 사회 분위기 • 학교 시험 성적과 수능 시험 점수로 대학 진학	• 획일적 평가 방법을 대신할 장기적 대안 필요

① **주제:** 학교생활 만족도

내용 정리	마무리 의견
• 88%의 학생, 학교 생활에 만족 • 지난 3년간 학교생활 만족도 증가	• 교육 정책이 학생들의 학교생활에 긍정적 영향

② **주제:** 대안 학교의 장단점

내용 정리	마무리 의견
• 원하는 진로와 개성에 맞는 학습 • 비싼 학비, 학력 인정 불가능	• 장단점을 모두 꼼꼼히 파악한 후 진학 결정해야

③ **주제:** 대학 진학의 필요성

내용 정리	마무리 의견
• ____________ ____________ • ____________ ____________	• ____________ ____________ • ____________ ____________

보기

지금까지 한국의 입시에 대해서 살펴보았습니다. 오늘 말씀드린 것을 간단히 요약해 보면 학생들은 학벌이 중요시되는 사회 분위기 속에서 명문 대학 진학을 목표로 각종 시험 준비에 매달리고 있습니다. 그러나 학교는 입시를 위한 곳이 아닙니다. 결론적으로 말씀드리자면 앞으로 이런 획일적 평가 방법을 대신할 장기적 대안이 필요하다고 봅니다. 그럼 이상으로 제 발표를 마치겠습니다. 들어 주셔서 감사합니다.

중요시되다 만족도 꼼꼼히 각종

말하기2

Ⅱ. 표현해 봅시다

1 발표하고 싶은 주제와 그 이유를 골라서 보기 와 같이 이야기해 봅시다.

한서일보

오피니언 정치 경제 국제 사회 문화 연예 스포츠 매거진

보기 "입시 위주의 교육, 이대로 좋은가"

획일적 교육과 치열한 경쟁...
학생들, 입시 스트레스 심각

(한서일보 3월 13일 이준혁 기자)

서문일보

실시간 주요뉴스

① "사교육비, 영어·수학 줄고 예체능 늘어"

취미, 소질 계발 등 이유
공교육 내 예체능 교육 강화해야

(서문일보 7월 6일 박지현 기자)

세연일보

② "청년 세대의 가장 큰 고민, 삶의 불안정성"

취업의 어려움이 가져온 불안정한 현실

(세연일보 11월 4일 유혜선 기자)

오피니언

시사일보

시청자와 함께 만드는 뉴스! 여러분의 생생한 제보를 기다립니다!

③ " "

( )

주제 선택 이유	
고향과는 다른 한국의 상황 인식	사교육에 대한 의식의 변화 확인
취업의 어려움으로 고민하는 친구들의 현실	

보기

안녕하십니까? 오늘 발표를 맡게 된 노라 한손이라고 합니다. 여러분은 한국 교육의 현황에 대해서 잘 아십니까? 저는 지금부터 입시 위주 교육의 문제점에 대해서 발표하고자 합니다. 최근에 제가 한서일보 3월 13일자 사회면에 실린 기사를 보고 한국의 상황이 노르웨이와는 아주 다르다는 것을 느꼈기 때문에 주제로 선정하게 되었습니다. 발표에 앞서 발표 순서를 말씀드리겠습니다. 오늘 발표는 내용 설명, 의견 제시. 내용 정리 및 마무리 의견의 순서로 진행하겠습니다.

위주 사교육비 예체능 공교육 소질 계발 강화하다 불안정성 불안정하다
인식 현황

2 표현을 익혀 봅시다.

도움말

시작(주제와 주제 선정 동기 소개) → 주제 발표(내용 설명 → 의견 제시) → 마무리(내용 정리 및 마무리 의견)

발표란 여러 사람 앞에서 자신이 전달하려고 하는 내용을 말로 표현하는 활동이다. 발표는 시작(인사, 주제와 주제 선정 동기 소개) → 주제 발표(내용 설명, 의견 제시) → 마무리(내용 정리 및 결론, 인사)의 순으로 이루어진다. 발표는 격식체 존댓말로 한다.

시작	• 저는 지금부터 입시 위주 교육의 문제점에 대해서 발표하고자 합니다. • 이 기사를 읽고 한국의 상황이 노르웨이와는 아주 다르다는 것을 느꼈기 때문에 주제로 선정하게 되었습니다.
내용 설명	• 제가 준비한 내용을 간략하게 말씀드리자면 다음과 같습니다. • 이 기사는 사교육 시장에서 입시를 위한 사교육비 지출이 감소하고 예체능 교육비가 증가하고 있다는 내용입니다.
의견 제시	• 저도 이 기사의 내용과 같은 의견입니다 • 통계청의 발표에 의하면 현재 고3 학생의 70%가 대학에 진학하고 있다고 합니다. • 그런데 저는 입시 위주의 교육을 비판한 이 기사의 내용과는 좀 다르게 생각합니다. • 입시 위주의 교육을 비판만 할 것이 아니라 그 원인인 사회 분위기부터 바꾸어야 한다고 생각합니다.
마무리	• 지금까지 공교육의 문제점에 대해서 살펴보았습니다. • 지금까지 말씀드린 것을 간단히 요약해/종합해 보면, 이러한 삶의 불안정성은 특별한 몇몇의 일이 아니라는 것입니다. • 결론적으로 말씀드리자면 소득으로 인한 교육 차이를 해결하기 위해 공교육에서 예체능 교육을 강화할 수 있는 방안이 필요하다고 봅니다.

간략하게 지출 통계청 소득

3 보기 와 같이 이야기해 봅시다.

1) 발표 내용을 보기 와 같이 이야기해 봅시다.

보기 입시 위주의 교육, 이대로 좋은가?	
한국의 교육적 성과	국제 학업 성취도 평가(PISA)에서 5위권
국민들이 생각하는 교육 문제	입시 위주의 교육
입시 위주 교육의 문제점1	창의성이나 개성을 기르기 어려움.
입시 위주 교육의 문제점2	심한 입시 스트레스
입시 위주 교육의 문제점3	사교육으로 인한 교육의 양극화

보기

입시 위주 교육의 문제점을 **간략하게 말씀드리자면 다음과 같습니다**. 한국은 국제 학업 성취도 평가에서 줄곧 5위권을 차지할 정도로 교육적 성과가 뛰어납니다. 그렇지만 조사 결과**에 따르면** 과반수의 국민들이 한국의 교육 문제로 입시 위주의 교육을 꼽았**다고 합니다**. 입시 위주의 교육은 학생들의 창의성이나 개성을 기르기 어려운 한편, 심한 입시 스트레스에 시달리게 합니다. 또 많은 시간과 돈을 투자해야 하는 사교육을 받게 하고 이것이 교육의 양극화로 이어지기도 합니다.

① 사교육비, 영어·수학 줄고 예체능 늘어	
사교육의 변화	입시 위한 사교육비 감소, 예체능 사교육비 증가
예체능 사교육의 이유	취미, 소질 계발
사교육 변화 원인	소득 증가, 교육 수준 향상, 가치관 변화
변화로 인한 영향	소득에 따른 예체능 교육의 차이 증가
필요한 정책	공교육 내의 예체능 교육 강화 방안

줄곧 과반수 창의성 사교육 양극화 방안

② 청년 세대의 가장 큰 고민, 삶의 불안정성	
전 세계적 청년 문제	불경기로 인한 지속적 어려움.
청년들이 생각하는 문제	직업·소득 불안정, 주거 불편
직업·소득 불안정	취업 실패 및 비정규직 취업으로 소득 불안정
주거 불편	생활에 필요한 공간을 외부에서 해결
필요한 정책	청년 취업 문제 해결

③	

불경기 지속적 비정규직 외부

2) 자신의 의견을 덧붙여 보기 와 같이 이야기해 봅시다.

보기 **"입시 위주의 교육, 이대로 좋은가?"** 획일적 교육과 치열한 경쟁... 학생들, 입시 스트레스에 시달려 (한서일보)	**"고3 학생의 70%, 대학 진학"** • 취업 기회에 학벌이 영향을 미침. • 학력에 따른 소득 차이 (유성 경제 연구소)
① **"사교육비, 영어·수학 줄고 예체능 늘어"** 취미, 소질 계발 등 이유 공교육 내 예체능 교육 강화해야 (서문일보)	**"입시 사교육비, 과연 감소했는가?"** • 저소득층 입시 사교육비는 감소, 고소득층 입시 사교육비는 증가 • 소득 양극화가 만드는 교육 양극화 (한교일보)
② **"청년 세대의 가장 큰 고민, 삶의 불안정성"** 취업의 어려움이 가져온 불안정한 현실 (세연일보)	**"청년들, 학자금 대출과 취업의 어려움으로 이중고"** • 학자금 대출로 인한 대학 졸업자들의 빚 • 적은 월급에 빚까지 안고 사회생활을 시작한다면 파산하기 쉬움. (유성 경제 연구소)
③ " " • ________ • ________ ( )	" " • ________ • ________ ( )

보기

그런데 저는 입시 위주의 교육을 비판한 이 기사의 내용과는 좀 다르게 생각합니다. 물론 교육은 소질에 맞는 내용을 다양한 방법으로 배워야 하는 것이기는 하지만 현실도 생각해야 합니다. 유성 경제 연구소의 발표에 의하면 현재 고3 학생의 70%가 대학에 진학하고 있다고 합니다. 이것은 한국 사회가 대학 졸업장을 중요시한다는 사실을 보여 주는 예라고 할 수 있습니다. 또 학력에 따른 소득 차이가 존재하는데 이런 사회적 현실을 무시하는 것은 문제가 있다고 봅니다. 대학 입시를 중요하게 생각하는 것은 어떻게 보면 당연한 일입니다. 입시 위주의 교육을 비판만 할 것이 아니라 그 원인인 사회 분위기부터 바꾸어야 한다고 생각합니다.

저소득층 고소득층 학자금 대출 이중고 파산하다 졸업장

3 보기와 같이 마무리해서 이야기해 봅시다.

내용 정리	마무리 의견
보기 입시 위주 교육의 결과: 창의성 부족, 학업 스트레스, 교육 양극화	• 비판만으로는 해결되지 않음. • 입시 위주의 교육을 하게 되는 원인부터 생각해야
① 사교육의 변화: 입시 사교육비 감소, 예체능 사교육비 증가	• 전체 입시 사교육비 감소, 고소득층 입시 사교육비 증가 • 공교육의 전반적 내실화 필요
② 청년 세대의 어려움: 직업 불안정, 소득 불안정, 주거 불편	• 학자금 대출이 또 하나의 짐 • 청년 취업 문제 해결 정책 마련 필요
③ ______________: ______________	• ______________ • ______________

보기

지금까지 입시 위주 교육의 문제점에 대하여 살펴보았습니다. 제가 발표한 내용을 요약하자면 다음과 같습니다. 입시 위주의 교육 때문에 학생들은 창의성이 부족해지고 학업 스트레스가 심하며, 학부모들은 사교육비 부담이 크다는 것입니다. 그러나 이 기사의 내용은 입시 위주의 교육을 비판만 하고 있다는 점에서 문제가 있다고 생각합니다. 무작정 비판할 것이 아니라 입시 위주의 교육이 생겨난 원인을 먼저 살펴보고 해결책을 찾아야 할 것으로 여겨집니다. 이상으로 제 발표를 마치려고 합니다. 지금까지 발표를 들어 주셔서 감사합니다.

III. 정리해 봅시다

여러분 나라의 공교육에는 어떤 문제점이 있는지 살펴보고 그에 대한 의견을 제시해 봅시다.

비판　전반적　내실화　짐　무작정

08과 삶과 배움

• 학습 목표: 대상의 좋은 점과 나쁜 점, 대상에 대한 개인의 감상을 글로 쓸 수 있다.

Ⅰ. 준비해 봅시다

- 학교 밖에서 받을 수 있는 특별한 교육의 프로그램으로 어떤 것들이 있습니까?
- 이러한 교육 프로그램에 참여한 경험이 있다면 느낀 점을 이야기해 봅시다.

쓰기1

II. 표현해 봅시다

1 보기 와 같이 좋은 점과 나쁜 점을 표현해 봅시다.

보기

어린이 군대 체험 교육

①

인성 캠프

②

어린이 안전 교육

③

대학교 졸업 필수 봉사 과목

보기

어린이들을 대상으로 한 군대 체험 교육은 아이들이 체력과 정신력을 기르는 데 도움을 줄 수 있지만, 엄격하다 못해 무섭기까지 한 교육이어서 어린이들에게 많은 스트레스를 줄 수 있고 부상의 위험도 있다.

요건 체력 정신력

2 표현을 익혀 봅시다.

도움말

대상에 대해서 좋은 점과 나쁜 점을 찾아 표현할 때는 먼저 대상의 특징에 대해서 충분한 이해를 한 후에, 좋은 점에서 나쁜 점 또는 나쁜 점에서 좋은 점을 순서대로 나열하여 글로 쓰는 것이 좋다.

- 어린이들을 대상으로 한 군대 체험 교육은 아이들이 체력과 정신력을 기르는 데 도움을 줄 수 있지만, 지나치게 엄격한 교육이어서 어린이들에게 많은 스트레스를 줄 수 있다.
- 인성 캠프는 타인에 대한 이해력과 소통 능력을 향상시킬 수 있으나, 부모의 강요로 참여하는 학생들에게는 스트레스를 줄 수 있다.
- 인성 캠프는 학생들이 많은 것을 배울 수 있는 기회이기는 하나, 캠프의 정해진 일정 때문에 참가한 학생들이 충분한 시간을 갖고 주도적으로 학습하기 어려울 수 있다.
- 어린이 안전 교육은 어린이들이 현장에서 직접 재미있게 체험해 보는 시간이기는 하지만, 교육 내용과 관련된 개념이나 어휘가 아이들에게 어려울 수 있다.
- 어린이 안전 교육은 어린이들에게 다양한 체험의 기회를 제공한다. 그렇지만/그러나/하지만 어린이들이 직접 안전 기구를 다루는 연습을 하기 때문에 교육 중에 사고가 날 위험성이 크다.
- 대학교의 필수 봉사 과목은 대학생들이 봉사의 경험을 쌓을 수 있게 한다는 장점이 있지만, 자원봉사가 아니기 때문에 봉사 기관에 나쁜 영향을 줄 수 있다는 단점이 있다.
- 대학교의 필수 봉사 과목은 진정한 의미의 봉사가 아니라는 단점에도 불구하고 많은 대학교에서 학생들의 봉사 활동을 장려하기 위하여 졸업 요건으로 정하였다.
- 템플 스테이는 일상에서 벗어나 자연 속에서의 생활을 체험해 볼 수 있다는 장점이 있는 반면에 생활 시설이 잘 갖추어져 있지 않아서 지내기가 불편하다는 단점이 있다.

자원봉사 장려

3 보기 와 같이 써 봅시다.

인성 캠프

좋은 점

- 자신을 되돌아보는 기회
- 타인에 대한 이해력 및 소통 능력의 향상

나쁜 점

- 부모의 강요로 참여하는 경우가 많음.
- 학생이 주도적으로 학습하기 어려움.

보기

인성 캠프는 학생들이 학교에서 경험해 볼 수 없는 다양한 활동을 통해서 자신을 되돌아보는 기회를 가지게 한다. 또한 타인에 대한 이해력과 소통 능력을 향상시킨다는 장점이 있다.

이러한 장점이 있는 반면에 학생들이 부모의 강요로 캠프에 참여하는 경우가 많다는 단점도 있다. 뿐만 아니라 캠프의 정해진 일정 때문에 학생들이 충분한 시간을 갖고 주도적으로 학습하기 어려울 수 있다.

1

어린이 안전 교육

좋은 점

- 재미있는 야외 학습
- 다양한 체험의 기회

나쁜 점

- 안전 교육에 관한 어려운 개념과 어휘
- 교육 중 사고 발생 가능성

2

템플 스테이

좋은 점
- 일상에서 벗어나 자연 속에서의 생활 체험
- 명상을 통해서 자신을 되돌아보는 시간

나쁜 점
- 생활 시설의 불편함
- 개인적인 활동의 제약

3

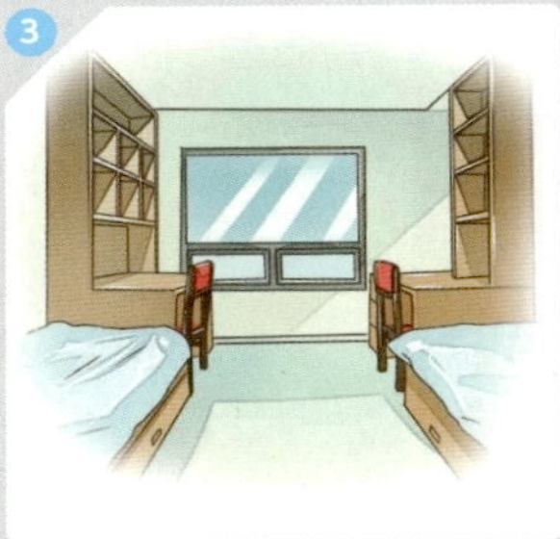

기숙사

좋은 점
- 저렴한 기숙사비
- 학교와 가까운 거리

나쁜 점
- 공용 시설 이용
- 지켜야 할 규칙이 많음.

명상　되돌아보다

4

좋은 점

나쁜 점

1 보기 와 같이 느낀 점을 표현해 봅시다.

보기

주민 센터 춤 수업

①

직장인의 자기 계발

②

유아 교육

③

태교 교실

보기

주민 센터에서 할아버지, 할머니들이 멋진 옷을 입고 열정적으로 춤을 배우시는 모습이 인상적이었다. 선생님의 설명을 듣고 춤 동작을 열심히 따라 하는 모습이 무척이나 진지해 보였다.

유아 태교

2 표현을 익혀 봅시다.

도움말

대상을 보고 감상을 쓰는 글은 먼저 감상한 대상에 대한 정보를 간단하게 소개한 후에 인상적인 부분과 함께 대상에 대한 자신의 생각, 느낌을 아래와 같은 표현을 사용하여 쓸 수 있다.

- 주민 센터에서 할아버지, 할머니들이 멋진 옷을 입고 열정적으로 춤을 배우시는 모습이 인상적이었다.
- 앞으로 주민 센터에 할아버지, 할머니들을 위한 교육 프로그램들이 다양하게 개설되면 좋겠다.
- 퇴근 후에 학원에 다니면서 자기 계발을 하면 시야가 넓어지는 느낌이 들기 때문에 많은 직장인들에게 추천하고 싶다.
- 어린이집에서 노래를 배우는 아이들의 모습을 보고 고향에 있는 딸이 떠올랐다.
- 이번 탐방은 어린이집에서 아이들이 어떻게 교육을 받고 있는지 직접 확인했다는 점에서 의미가 있었다.
- 남편과 아내가 함께 앞으로 태어날 아이를 위해 수업을 들으면서 출산을 준비한다는 점이 인상적이었다.
- 내가 할아버지의 나이가 되었을 때 배움에 대한 열정이 얼마나 있을지 궁금해졌다.
- 이번 농촌 체험은 농민들의 노력과 농작물의 귀함을 깨닫게 해 준 유익한 활동이었다.
- 함께 배우는 사람들이 너무 많았고 시간이 부족했다는 점은 아쉬웠지만 비교적 짧은 시간에 직접 꽃다발을 만들어 볼 수 있는 좋은 기회였다.
- 나는 지붕의 선, 낮은 담, 나무로 만든 대문에서 느껴지는 한옥의 아름다움 앞에 잠시 할 말을 잃고 감탄했다.
- 이 영화에서 만나기만 하면 싸우던 가족들이 서로를 이해해 가는 과정이 감동적이었다.

탐방　농작물　감탄

쓰기 2

Ⅱ. 표현해 봅시다

3 보기 와 같이 써 봅시다.

보기

퍼스트 그레이더

느낀 점

- 나의 미래의 모습
- "배움에는 나이가 없다."라는 말의 의미

보기

영화 <퍼스트 그레이더>는 84세 나이에 초등학교에 입학한 할아버지의 실제 이야기라는 점에서 인상적이었다. 영화를 본 후에 내가 '마루게' 할아버지의 나이가 되었을 때 공부에 대한 열정이 얼마나 있을지 궁금해졌다. 우리는 가끔 주변에서 "배움에는 나이가 없다."라는 말을 듣는데 그 말의 의미를 느낄 수 있었던 영화였다.

1

농촌 체험

느낀 점

- 농민들의 노력과 농작물의 귀함을 깨달음.
- 체험 후 농작물을 가져올 수 있음.

____

____

____

____

2

원데이 클래스(One-day class)

느낀 점

- 미리 신청을 하면 하루 안에 꽃꽂이를 배울 수 있음.
- 시간이 부족해 제대로 완성하지 못함.

3

회사 내 어린이집

느낀 점

- 회사 안에 있는 어린이집
- 직원들이 일과 가정생활의 조화를 이룰 수 있도록 도움.

원데이 클래스

4

느낀 점

III. 정리해 봅시다

앞으로 체험해 보고 싶은 특별한 교육 프로그램이 있는지 이야기해 봅시다.

복습

1 지금까지 들은 수업 중에서 기억에 남는 수업을 보기 와 같이 정리해 봅시다.

	보기 제목: 한국어 노래 수업	제목:
계기	평소 한국 가수의 노래를 즐겨 들음.	
수업을 듣기 전	- 한국어를 재미있게 배울 수 있을 것 같아서 기대함. - 한국어 발음이 좋지 않아서 걱정함.	
기억에 남는 내용	한국어 공부를 할 때 배웠던 표현들을 노래 가사에서 확인할 수 있었음.	
수업을 들은 후	- 좋아하는 가수의 노래를 배우지 못한 점이 아쉬움. - 한국어를 재미있게 배움. - 다음 학기 수업도 신청할 계획	

2 위에 정리한 내용을 보고 보기 와 같이 수업 후기를 써 봅시다.

보기 **제목: 한국어 노래 수업**

평소 한국 가수의 노래를 즐겨 듣기 때문에 이번 학기에 한국어 노래 수업을 신청하게 되었다. 수업 전에는 한국어를 재미있게 배울 수 있을 것 같아서 기대되는 마음도 있었지만 한국어 발음이 좋지 않아서 걱정했다.

하지만 이번 노래 수업은 가사에 어려운 발음이 없어서 자신감 있게 노래를 부를 수 있었고 수업 내내 즐거웠다. 특히 한국어 공부를 할 때 배웠던 표현들을 노래 가사에서 확인할 수 있었다는 점이 가장 기억에 남는다.

좋아하는 가수의 노래를 배우지 못한 점은 아쉬웠지만 한국어를 재미있게 배웠기 때문에 다음 학기에도 노래 수업을 신청할 계획이다.

제목:

문화

학당의 과거와 현재

한국어 교육 기관의 대명사가 된 '한국어학당'이란 명칭은 어디에서 왔을까? '학당'이란 원래 고려 시대부터 설치되었던 중앙 교육 기관인데, 조선 시대 말에는 외국인 선교사들이 세운 사립 중등 교육 기관의 명칭으로 사용되었다. 사립 중등 교육 기관으로서 '학당'을 처음 사용한 배재학당은 1885년에 미국인 선교사 H. G. 아펜젤러가 세운 한국 최초의 근대적 사립 교육 기관이다. 이후 1886년에는 메리 F. 스크랜튼이 이화학당을 설립해 이화학당이 한국 최초의 사립 여성 교육 기관으로 자리를 잡았고, 후에 대학과가 설치되어 현재의 이화여자대학교로 발전하는 토대가 되었다. 배재학당과 이화학당 모두 당시 왕이었던 고종이 친히 학교 이름을 지어 주었다는 사실을 통해 새로운 교육에 거는 기대가 컸음을 알 수 있다. 이후에도 전국 곳곳에 여러 학당이 설립되어 청소년들이 근대식 교육을 받을 수 있었고, 이 학교들 대부분은 현재에도 중등 교육을 담당하고 있다.

'학당'이라는 명칭은 1920년대에 접어들어 '학교'로 바뀌었으나, 1959년 4월에 연세대학교가 외국인과 재외 교포를 위한 최초의 한국어 교육 기관을 설립하면서 '한국어를 가르치는 학당'이라는 의미에서 '한국어학당'이라고 했다. 이후에도 다양한 교육 기관에서 '학당'이라는 명칭을 사용하고 있는데 대표적인 예가 '세종학당'이다. 2012년에 설립된 세종학당은 문화 체육 관광부 산하 기관으로 2020년 기준 세계 76개국 213개소에서 한국어와 한국 문화를 알리는 창구가 되고 있다.

연세대학교 한국어학당 KOREAN LANGUAGE INSTITUTE

세종학당 King Sejong Institute

09과 남성과 여성

• 학습 목표: 다른 사람의 발표를 들은 후에 의문을 제기하고 평가할 수 있다.

Ⅰ. 준비해 봅시다

- 현대 사회의 성 역할은 어떻게 변화했습니까?
- 결혼을 하는 신랑과 신부에게 어떤 질문을 하고 싶습니까?

말하기 1

II. 표현해 봅시다

1 보기 와 같이 이야기해 봅시다.

발표 제목	발표 내용	청중의 의문
보기 한국의 양성평등 교육	현재 양성평등 교육이 잘 이루어지고 있다.	성 역할의 변화가 뭘까?
① '유리 천장'을 깬 여성들	대기업에서 고위직에 오른 여성들이 증가하고 있다.	고위직 여성과 남성의 업무에 차이가 없을까?
② 한국 남성의 육아 휴직	육아 휴직에 참여하는 대기업 남성 회사원의 비율이 낮다.	공무원과 회사원 사이에 참여율의 차이가 나는 이유가 뭘까?
③ 에스엔에스(SNS)의 현재	에스엔에스(SNS)는 순기능이 더 많다.	____________________?

보기

노라: 지금까지 발표한 바와 같이 현재 한국의 학교에서는 양성평등 교육이 잘 이루어지고 있습니다.

레오: 발표 잘 들었습니다. 그런데 성 역할의 변화에 대한 부분을 잘 이해하지 못했는데 다시 말씀해 주시겠습니까?

양성평등 성 역할 유리 천장 고위직 육아 휴직 순기능

2 표현을 익혀 봅시다.

도움말

발표가 끝난 후 발표자는 청중에게 궁금한 점을 묻거나 의견을 나누고 싶은 부분에 대해서 질문을 하며 발표를 마무리한다. 청중은 발표 내용에 대해서 의문이 있거나 추가로 알고 싶은 정보가 있을 때 예의를 갖춰서 질문한다.

발표자의 질문	• 발표한 바와 같이 한국은 학교에서 양성평등 교육이 잘 이루어지고 있는데 여러분 나라는 어떻습니까? • 여러분은 결혼 제도에 대해서 어떻게 생각하십니까? • 지금까지 제 발표를 들어 주셔서 감사합니다. 혹시 질문이나 의견이 있으면 말씀해 주시기 바랍니다.
청중의 질문	• 발표 잘 들었습니다. 그런데 성 역할의 변화에 대한 부분을 잘 이해하지 못했는데 다시 말씀해 주시겠습니까? • 에스엔에스(SNS)는 순기능이 더 많다고 하셨는데 어린이들에게는 역기능이 더 많다고 생각하지 않으십니까? • 발표하느라고 수고하셨습니다. 그런데 저는 여성을 차별하는 직장에는 정부가 불이익을 주는 게 좋다고 생각하는데 유키 씨 생각은 어떻습니까? • 저는 이런 상황이 발생하게 된 원인이 궁금한데 발표자께서는 그 원인이 뭐라고 생각하십니까? • 그 당시 여성 독립운동가들이 주로 어떤 활동을 했는지 말씀해 주시겠습니까?/말씀해 주시면 감사하겠습니다. • 말씀하신 원인들 이외에 저는 가사 분담 문제도 여성들이 결혼을 기피하는 원인이라고 생각하는데 발표자의 생각은 어떻습니까? • 혹시 외국의 구체적인 사례를 아시면 말씀해 주시겠습니까? • 정부의 양성평등 정책에 대한 발표자의 의견을 듣고 싶습니다. • 발표자께서는 학교 폭력이 왜 발생한다고 생각하십니까?

역기능 불이익 독립운동가 가사 분담 기피하다 사례 폭력

3 보기 와 같이 청중의 의문점을 이야기해 봅시다.

보기

보기

유키: 지금까지 제 발표를 들어 주셔서 감사합니다. 혹시 질문이나 의견이 있으면 말씀해 주시기 바랍니다.

존: 발표하느라고 수고하셨습니다. 그런데 일본은 어떤지 궁금합니다. 일본에서도 직장 내 성차별이 심한가요?

노라: 저는 여성을 차별하는 직장에는 정부가 불이익을 주는 게 좋다고 생각하는데 유키 씨 생각은 어떻습니까?

주앙: 발표 잘 들었습니다. 그런데 저는 이런 상황이 발생하게 된 원인이 궁금한데 유키 씨께서는 그 원인이 뭐라고 생각하십니까?

성차별　여전히　정규직

Ⅱ. 표현해 봅시다

1

2

3

비행사 독립운동 비혼 동거 혼인율

말하기2

II. 표현해 봅시다

1 발표 평가지를 보고 보기 와 같이 이야기해 봅시다.

	평가 항목	노라	에릭	레오	흐엉
준비	시각 자료와 발표 요약지를 준비했습니까?	X	O	O	O
	충분히 준비해서 자연스럽게 말했습니까?	O	O	O	X
내용	주제 선정이 적절했습니까?	O	O	X	O
	주제를 잘 이해하고 소개했습니까?	O	O	O	O
	청중이 쉽게 이해할 수 있었습니까?	X	O	O	O
	내용이 논리적이었습니까?	O	X	O	O
발표	격식체 존댓말을 적절히 사용했습니까?	O	X	O	O
	발음과 목소리 크기, 말의 속도가 적절했습니까?	X	O	X	O
	발표 태도가 적절했습니까?	O	O	O	X
	청중과 질의응답이 잘되었습니까?	O	X	O	O

보기

노라: 주앙 씨, 어제 제 발표가 어땠는지 솔직하게 말씀해 주세요.

주앙: 노라 씨, 재미있는 주제라서 관심을 가지고 잘 들었어요. 제 생각에는 잘했는데 몇 가지 고칠 점이 있기는 했어요.

노라: 그래요? 알려 주세요.

주앙: 우선 요약지가 없어서 내용을 한눈에 볼 수 없었던 점이 아쉬웠어요. 그리고 재미있는 주제였지만 어려운 단어가 많아서 제가 정확하게 이해하지 못했어요. 어려운 단어를 미리 설명하고 시작했더라면 좋았을 것 같아요.

노라: 그밖에 고칠 점은 없었나요?

주앙: 노라 씨가 긴장해서 그런지 발표할 때 말의 속도가 너무 빨랐어요. 좀 더 천천히 말했더라면 전달이 더 잘됐을 것 같아요. 노라 씨, 저도 내일 발표하는데 나중에 저에게도 고칠 점을 꼭 알려 주세요.

시각 자료　요약지　논리적　적절히

2 표현을 익혀 봅시다.

도움말

발표가 끝난 후에는 잘한 점과 개선해야 할 점에 대해서 생각해 본다. 평가는 발표자 스스로 평가하는 자기 평가와 청중이 발표에 대해 평가하는 청중 평가가 있는데 청중은 발표가 가지는 의미와 발표자가 고려했으면 하는 점들에 대해서 언급한다.

평가	• 재미있는 주제라서 관심을 가지고 잘 들었습니다. • 남녀 직원의 연봉 차이를 조사해서 알려 준 점도 좋았습니다. • 당시의 사진 자료를 보여 줘서 이해를 더 잘할 수 있었습니다. • 한국의 혼인율을 외국의 통계 자료와 비교해서 발표한 점이 좋았습니다. • 요약지가 없어서 내용을 한눈에 볼 수 없었던 점이 아쉬웠습니다. • 발표 잘 들었습니다. 그런데 한국에 있는 다른 방송사의 경우는 어떤지도 조사를 했더라면 좋았을 것 같습니다. • 저도 이 주제에 관심이 있어서 발표를 주의 깊게 들었는데 좀 더 구체적인 사례가 추가된다면 좋을 것 같습니다. • 학교 폭력 문제에 대한 해결책을 제시했다는 점에서 이번 발표가 가지는 의미가 크다고 생각합니다.

연봉 통계

3 보기 와 같이 발표에 대한 평가를 이야기해 봅시다.

보기

보기

유키: 지금까지 제 발표를 들어 주셔서 감사합니다. 혹시 질문이나 의견이 있으면 말씀해 주시기 바랍니다.

존: 제가 관심 있던 주제라서 집중해서 잘 들었습니다. 그리고 유키 씨가 남녀 직원의 연봉 차이를 조사해서 알려 준 점도 좋았습니다.

노라: 발표 잘 들었습니다. 그런데 한국에 있는 다른 방송사의 경우는 어떤지도 조사를 했더라면 좋았을 것 같습니다.

주앙: 저도 이 뉴스를 본 적이 있는데 유키 씨 발표에서는 대전 지사라는 말이 빠졌습니다. 본사가 아닌 지사 한 곳의 문제이므로 일반적인 경우는 아닌 것 같습니다.

지사 본사 해당되다

1

"'최초'에 도전한 여성
-
여성 비행사 권기옥"
한국 최초의 여성 비행사이며 중국에서 독립운동을 한 분이었습니다.
사진 자료를 보여 주니 더 관심이 생기네.
다른 분야에서 최초가 된 여성들도 함께 조사했으면 좋았을 텐데
중국까지 가서 독립운동을 한 이유를 설명하지 않았네.

2

"비혼을 선택하는 2030"
주거 비용 부담 증가, 육아 문제 등으로 인해서 한국의 혼인율이 감소하고 있습니다.
외국의 통계 자료와 비교한 점이 좋네.
관련 영화로 주제를 소개하니까 참 흥미롭구나.
출산율이 감소하는 현상과 관련지어서 설명하면 좋았을 텐데.

3

"교실 안 감시 카메라(CCTV)"
학교 폭력 예방을 위해서 필요합니다.
학교 폭력 문제에 대한 좋은 해결책을 제시했구나.
발표인데 왜 친구한테 말하는 것처럼 하지?
______________?

출산율　　현상

III. 정리해 봅시다

친구의 발표를 듣고 다음 항목을 채운 후 조언해 줍시다.

평가 항목			
준비	시각 자료와 발표 요약지를 준비했습니까?		
	충분히 준비해서 자연스럽게 말했습니까?		
내용	주제 선정이 적절했습니까?		
	주제를 잘 이해하고 소개했습니까?		
	청중이 쉽게 이해할 수 있었습니까?		
	내용이 논리적이었습니까?		
발표	격식체 존댓말을 적절히 사용했습니까?		
	발음과 목소리 크기, 말의 속도가 적절했습니까?		
	발표 태도가 적절했습니까?		
	청중과 질의응답이 잘되었습니까?		

항목

10과 가정과 사회

• 학습 목표: 탐방문의 개요를 작성하고 글을 완성할 수 있다.

Ⅰ. 준비해 봅시다

<개요>

제목: 한국 기업 어린이집을 다녀와서

도입

- 사내 어린이집 방문 계기

전개

- 사내 어린이집의 위치, 설립 목적
- 규모
-
-

마무리

- 방문 소감

• 여러분 나라에서 맞벌이 부부가 일하러 갈 때 아이를 어디에 맡깁니까?
• 글을 쓰기 전에 내용과 순서를 정하고 계획한 대로 글을 씁니까?

쓰기1

Ⅱ. 표현해 봅시다

1 글의 도입 또는 마무리 부분과 관계있는 것을 모두 고르십시오.

1) 글의 도입

□ 계기	□ 소감	□ 문제 제기
□ 주제 소개	□ 글을 쓰는 목적	□ 주제 관련 배경 설명

2) 글의 마무리

□ 강조	□ 요약	□ 의의
□ 대상 설명	□ 전망 제시	□ 새로운 정보 제시

2 표현을 익혀 봅시다.

도움말

글의 도입 부분을 쓸 때에는 주제와 관련된 자신의 경험이나 사회적 현상을 서술하는 것으로 시작할 수 있다. 또한 의문 제기나 비유, 인용 등으로 글을 시작할 수도 있다.

글을 마무리할 때에는 자신의 견해나 감상 등을 간략히 기술하거나 앞으로의 전망 등을 제시한다. 속담이나 관용 표현을 사용할 수도 있다.

도입	• 한 달 전에 나는 친구를 만나러 친구의 회사를 찾아갔다. 그 친구는 사내 어린이집에 맡긴 아이를 데리러 가야 한다고 했다. • 이 세상에는 역사 박물관을 비롯해서 영화 박물관, 자동차 박물관, 맥주 박물관 등 다양한 종류의 박물관들이 있다. 그렇다면 한국에서 가 볼 만한 박물관으로는 어디가 있을까? • 서울시 건강 가정 지원 센터에서 결혼식을 앞둔 예비 부부을 위한 교육 프로그램을 운영한다는 정보를 우연히 알게 되었다. • 농촌 지역의 일손 부족이 심각하다는 뉴스를 보고 조금이라도 도움이 되고 싶어서 농촌 일손 돕기 프로그램에 참가하기로 결심했다. • 최근 들어 지역 관광 명소를 함께 걸으며 전문적인 해설을 해 주는 문화 프로그램들이 많이 생기고 있다. 북촌 도보 탐방 프로그램도 그중의 하나이다. • 피는 물보다 진하다는 말처럼 혈연 관계인 가족은 서로 간에 정이 깊다. 그런데 우리에게 진정한 가족의 의미를 생각해 보게 하는 영화 한 편이 있다.

마무리	• 사내 어린이집 방문 후 앞으로 이런 곳이 더 많아진다면 저출산 문제도 점차 해결될 것이라고 생각했다. • 박물관의 전시실을 천천히 다 돌아보고 나서 역시 와 보기를 잘했다는 생각이 들었다. 한글의 역사를 한눈에 쉽게 알고 싶다면 꼭 방문해 보기를 바란다. • 짧은 일정의 교육 프로그램이었지만 결혼하기 전에 배우자가 될 사람에 대해서 더 깊이 이해할 수 있게 해 주었고 부부 간에 대화하는 법 등 실제 결혼 생활에 도움이 될 만한 정보도 많이 얻을 수 있어서 아주 좋았다. • 이번 봉사 활동을 하면서 농부에 대한 고마움을 새삼 느끼게 되었다. 매일 밥상 위에 오르는 농산물들이 농부들의 피와 땀의 결실이라는 것을 알게 되었기 때문이다. 앞으로는 쌀 한 톨도 소중하게 여길 것이다. • 전통과 현대를 동시에 느낄 수 있는 북촌을 구석구석 살펴보고 전문적인 해설을 들을 수 있어서 매우 유익한 시간이었다. • 가까운 남이 먼 친척보다 낫다는 말이 있다. 비록 피를 나누지는 않았지만 이십 년 이상을 가족보다 더 챙겨 주고 아껴 주는 두 주인공을 보면서 진정한 가족이란 저런 모습이 아닐까라는 생각이 들었다.

사내　도보　일손　새삼　농부　농산물　결실　톨　구석구석

3 보기 와 같이 써 봅시다.

보기

한국 기업 사내 어린이집 방문

방문 계기

친구가 다니는 회사 방문

소감

저출산 문제 해결에 도움

도입	지난달에 한국 기업 사내에 있는 어린이집을 방문할 기회가 있었다. 그날 나는 한국 기업에서 일하는 친구를 퇴근 시간에 맞추어 만나러 갔는데 친구가 두 살짜리 아들을 데리러 가야 한다고 하면서 같이 가자고 했다.
마무리	사내 어린이집이 앞으로 더 많이 생긴다면 저출산 문제 해결에 어느 정도 도움이 될 것이라고 생각했다.

1

국립 한글 박물관을 다녀와서

방문 목적

한국에서 가 볼 수 있는 박물관에 대한 호기심

소감

한글의 역사를 배울 수 있는 기회

도입	세계 여러 나라에는 다양한 종류의 박물관들이 있다. ________
마무리	________

2

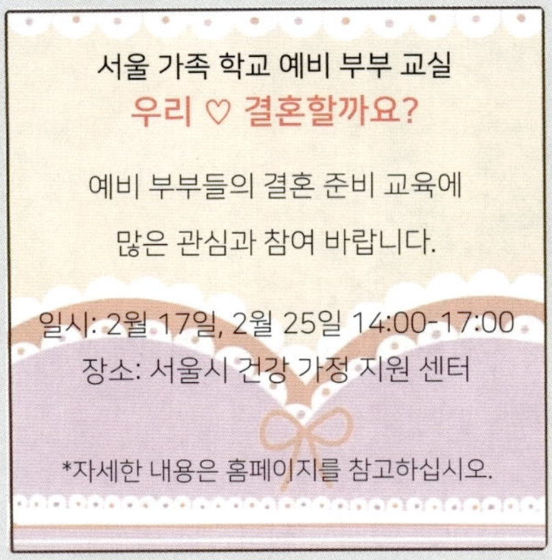

계기

예비 부부 교실 광고

소감

결혼하기 전에 서로에 대한 더 깊은 이해

예비 부부 교실 체험

도입	
마무리	

3

____

계기

____

소감

____

도입	
마무리	

쓰기2

I. 표현해 봅시다

1 글쓰기의 순서를 생각해 봅시다.

주제 선정 ➡ 개요 작성 ➡ 글 쓰기

2 보기 와 같이 글의 개요를 써 봅시다.

보기

한국 기업 사내 어린이집을 다녀와서

도입	**방문 계기** - 친구가 근무하는 회사를 방문함.
전개	**1. 어린이집 위치** - 경기도 성남시 한국 기업 사옥 1, 2층 **설립 연도** - 2013년 **설립 목적** - 어린 자녀가 있는 직원의 걱정 해소 **규모** - 직원 자녀 180명, 교사 45명
	2. 어린이집의 시설 - 1층 교실(1~2세), 2층 교실(3~5세), 도서관, 놀이 공간
	3. 어린이집의 운영 시간 - 오전 8:00 ~ 오후 9:00 **운영 프로그램** - 생활 지도, 체육 활동, 실외 놀이, 다중 언어 프로그램
마무리	**소감** - 사내 어린이집 확대, 저출산 문제 해결에 도움

<개요 전개 1의 완성 글 예>

한국 기업 사내 어린이집은 경기도 성남시에 위치한 한국 기업 사옥의 1, 2층에 자리 잡고 있다. 1세부터 5세까지의 직원 자녀들이 들어갈 수 있는 이곳은 어린 자녀를 둔 직원들에게 육아 걱정 없이 업무에 집중할 수 있는 근무 환경을 제공하기 위해서 2013년에 설립되었다. 현재 180여 명의 직원 자녀들이 이곳에 다니고 있으며 45명의 교사들이 아이들을 돌보고 있다.

사옥 자리 잡다 지도 실외 다중 육아 제공하다 돌보다

① **국립 한글 박물관을 다녀와서**

도입	**방문 목적** - 한글 박물관에 대한 호기심이 생김.
전개	1. **박물관 건립 목적, 개관 연도, 위치** - ______ 2. **층별 시설** - 1층 한글 도서관, ______ 3. **전시실** - 상설 전시실, ______ 4. **전시실 외 공간** - 한글 놀이터, ______
마무리	**방문 소감** - 한글의 역사를 배운 뜻깊은 시간이었음.

② **예비 부부 교실 체험**

도입	**계기** - 예비 부부 교육 프로그램 광고를 우연히 봄.
전개	1. **교육 소개와 일정** - 서울시 건강 가정 지원 센터에서 운영. ______ 2. **프로그램** - 성격 차이 알아보기, ______ 3. **참가자들과의 교류** - ______
마무리	**소감** - 결혼하기 전에 서로에 대해 더 깊이 이해하게 됨.

③ ______

도입	______
전개	1. ______ - ______ 2. ______ - ______ 3. ______ - ______
마무리	______

3 앞의 개요에 맞추어 보기 와 같이 글을 완성해 봅시다.

보기

한국 기업 사내 어린이집을 다녀와서

며칠 전 우연히 한국 기업 사내 어린이집을 방문할 기회가 있었다. 한국 기업에 다니는 친구를 만나러 회사에 갔는데 친구가 아이를 데리러 가야 한다고 하면서 사내 어린이집에 같이 가자고 했다. 한국의 보육 시설에 궁금증을 갖고 있던 나는 흔쾌히 친구를 따라갔다.

한국 기업 사내 어린이집은 경기도 성남시에 위치한 한국 기업 사옥의 1, 2층에 자리 잡고 있다. 1세부터 5세까지의 직원 자녀들이 들어갈 수 있는 이곳은 어린 자녀를 둔 직원들에게 육아 걱정 없이 업무에 집중할 수 있는 근무 환경을 제공하기 위해 2013년에 설립되었다. 현재 180여 명의 직원 자녀들이 이곳에 다니고 있으며 45명의 교사들이 아이들을 돌보고 있다.

한국 기업 사내 어린이집은 1층과 2층, 그리고 실외 놀이터로 구성되어 있는데 1층은 1~2세의 공간, 2층은 3~5세의 공간으로 연령별 활동 공간이 분리되어 있다. 1층 교실은 아이들에게 안정감을 주는 집 모양, 2층 교실은 창의력을 높이는 데 도움이 되는 원형 모양으로 디자인되어 있는 것이 특이했다. 그리고 1층과 2층 곳곳에 도서관과 놀이 공간이 배치되어 있었는데 공간들이 입체적이고 인형들이 놓여 있어서 마치 동화 속 나라에 온 것처럼 느껴졌다.

사내 어린이집은 평일 오전 8시부터 오후 9시까지 다양한 프로그램으로 운영되고 있다. 생활 지도와 체육 활동, 실외 놀이 외에 자체 개발한 다중 언어 교육 프로그램을 운영 중이다. 이것은 아이들이 생활하면서 다중 언어를 자연스럽게 접할 수 있도록 동화와 동요를 한국어, 영어, 중국어 세 언어로 제시하는 프로그램이다.

한국 기업 사내 어린이집은 공식적인 평가에서도 가장 높은 점수를 받은 최고 수준의 보육 시설이라고 한다. 이런 곳을 방문할 기회를 얻었던 것은 행운이라고 생각한다. 집으로 돌아오면서 앞으로 이런 어린이집을 갖춘 회사가 더 많아진다면 한국 사회의 심각한 문제 중의 하나인 저출산 문제가 점차 해결되지 않을까라는 생각을 했다.

도입
- 방문 계기

본문
- 위치
- 설립 목적
- 규모
- 시설
- 운영 시간
- 프로그램

마무리
- 방문 소감

보육 흔쾌히 안정감 창의력 원형 배치되다 입체적 동화 공식적

III. 정리해 봅시다

자신이 쓴 글을 발표해 봅시다.

복습

1 지금까지 본 영화나 드라마 중에서 하나를 골라 보기와 같이 자기 의견을 이야기해 봅시다.

영화 제목	82년생 김지영	
관객1 의견	• 사건 중심으로 각색되어 영화가 소설보다 더 극적임. • 시대 상황 설명이 부족함.	
관객2 의견	• 가족의 역할이 인상적임. • 남편이 아내의 병을 알리지 않은 것이 이해가 안 됨.	
관객3 의견	• 여성이 겪는 문제를 소재로 했지만 지루하지 않음. • 열린 결말이 아쉬움.	

보기

사회자: 오늘은 '82년생 김지영'을 관람한 관객들의 의견을 들어 보는 시간을 마련했습니다. 자유롭게 말씀해 주시기 바랍니다.

관객1: 영화 잘 봤습니다. 시간의 흐름에 따라 쓰인 소설과 달리 영화는 중요한 사건 중심으로 각색이 돼서 더 극적이었던 것 같습니다. 그리고 소설에서는 주인공의 나이에 따른 시대 상황이 통계 자료나 신문 기사 인용 등으로 자세히 나타나는데 영화에서는 그런 점이 부족했습니다.

관객2: 저는 잘 지내다가도 갑자기 이상한 행동을 하는 주인공의 모습이 참 안타까웠고, 이런 주인공의 상처에 마음 아파하며 도와주는 가족의 역할이 인상 깊었습니다. 하지만 남편이 아내의 병을 솔직하게 알려 주지 않은 점은 이해가 안 갔습니다.

관객3: 직장에서 여성들이 겪는 어려움과 육아 문제를 소재로 했지만 지루하지 않게 잘 만든 영화라고 생각합니다. 그런데 열린 결말보다는 여성들에게 힘을 주는 결말이었다면 더 좋았으리라고 봅니다.

2 위의 내용을 바탕으로 영화평을 써 봅시다.

각색　극적　결말　인용

문화

한국 사회의 변화와 가족 간 호칭

시대가 변함에 따라 양성평등을 중시하는 사회 분위기 속에서 남성 중심적이었던 한국의 가족 문화에도 변화의 바람이 불고 있다. 이에 따라 그동안 불평등하다는 지적을 받아 왔던 한국어의 가족 간 호칭도 예전과 달라져야 한다는 목소리가 높아지고 있다. 그동안 관습적으로 사용해 온 호칭에서 성차별적 요소를 없애려는 노력을 하고 있는 것이다.

국립국어원과 여성가족부가 발표한 '가족 호칭 정비안'은 가족 호칭 중에서 가부장적이고 성차별적 요소가 있는 호칭을 바꾸어 양성평등을 지향한다. 그동안 여성은 남편의 모든 가족 구성원에게 '님'을 붙인 호칭을 사용했으나 남성은 아내의 부모가 아닌 경우에는 '님'을 붙이지 않는 경우가 많았다. 예를 들어 아내는 남편의 남동생을 '도련님'이나 '서방님', 여동생은 '아가씨'로 부르지만 남편은 아내의 남동생을 '처남', 여동생은 '처제'라고 부르는 게 일반적이었다. 정비안에 따르면, 양가 부모는 서로 구분 없이 '아버님, 어머님'으로 통일하되 '장인어른, 장모님' 등 기존에 사용하던 호칭도 유지한다. 여성이 남편의 본가를 '시댁'으로 높여 부르고 남성은 아내의 본가를 '처가'라고 부르던 것에서 벗어나 서로 동등하게 '시댁-처가댁' 또는 '시가-처가'로 바꿔 부르는 방안도 제시되었다. 또한 배우자의 손아래 형제에 대해서는 '도련님, 아가씨, 처남, 처제' 대신 이름을 넣어 'OO 씨'로 부르도록 했다.

색인

어휘 색인

ㅂ

ㅅ